who? 한국사

## 글 지노

2006년에 학습 만화 《손오공 무법 소탕기》로 데뷔하여, 만화 스토리 작가와 만화 비평가로 활동 중입니다.
작품으로는 《마법천자문 수학원정대》, 《마법천자문 과학원정대-동굴》, 《과학의 신 3학년, 4학년》,
《최고를 꿈꾸는 사람들의 이야기-에디슨》, 《서울대 선정 문학 고전 안나 카레니나》, 《브리태니커 만화 백과- 날씨》,
《브리태니커 만화 백과-환경》 등이 있습니다.

## 그림 김광일

2003년에 만화계에 발을 내디뎠습니다. 지금은 어린이들이 공부와 재미 두 가지를 동시에 잡을 수 있도록,
재미난 학습 만화를 그리는 데 최선을 다하고 있습니다.
이 책의 채색은 우선옥 작가와 박희정 작가가, 펜선은 서성관 작가가 함께했습니다.

## 정보글 최인수

구리 인창 중학교에서 역사를 가르쳤으며, 현재는 어린이 도서 전문 기획자로 활동하고 있습니다.
저서로는 《드라마보다 재미있는 우리 왕조 이야기》, 《생방송 한국사-근대 편, 용어 편》 등이 있습니다.

## 추천 최태성

2001년부터 지금까지 EBS 한국사 대표강사로 한국사 명강의를 선사하고 있습니다.

흥선 대원군 · 명성 황후

개정 1판 1쇄 발행 2022년 12월 1일
개정 1판 3쇄 발행 2024년 12월 6일

글 지노  그림 김광일  정보글 최인수  표지화 신춘성
펴낸이 김선식

부사장 김은영
어린이사업부총괄이사 이유남
책임편집 박세미  디자인 김은지  책임마케터 김희연
어린이콘텐츠사업1팀장 박정민  어린이콘텐츠사업1팀 김은지 박세미 강푸른
마케팅본부장 권장규  마케팅3팀 최민용 안호성 박상준 김희연
편집관리팀 조세현 김호주 백설희  저작권팀 성민경 이슬 윤제희  제휴홍보팀 류승은 문윤정 이예주
재무관리팀 하미선 김재경 임혜정 이슬기 김주영 오지수
인사총무팀 강미숙 이정환 김혜진 황종원
제작관리팀 이소현 김소영 김진경 최완규 이지우 박예찬
물류관리팀 김형기 김선민 주정훈 김선진 한유현 전태연 양문현 이민운
외부스태프 외주 편집 장효선  본문 수정 최준석

펴낸곳 다산북스  출판등록 2005년 12월 23일 제313-2005-00277호
주소 경기도 파주시 회동길 490  전화 02-704-1724  팩스 02-703-2219
다산어린이 카페 cafe.naver.com/dasankids  다산어린이 블로그 blog.naver.com/stdasan
종이 스마일몬스터  인쇄 북토리  코팅 및 후가공 평창피앤지  제본 국일문화사
ISBN 979-11-306-9179-4 14990

- 책값은 표지 뒤쪽에 있습니다.
- 파본은 본사와 구입하신 서점에서 교환해 드립니다.
- 이 책은 저작권법에 의하여 보호를 받는 저작물이므로 무단 전재와 복제를 금합니다.
- 이 책에 실린 사진의 출처는 셔터스톡, 위키피디아, 연합뉴스 등입니다.

품명: 도서 | 제조자명: 다산북스 | 제조국명: 대한민국 | 전화번호: 02)704-1724
주소: 경기도 파주시 회동길 490 (2층) | 사용연령: 8세 이상
⚠ 주의 · 경고: 아이들이 책을 입에 대거나 모서리에 다치지 않게 주의하세요.

※KC마크는 이 제품이 공통안전기준에 적합하였음을 의미합니다.

who? 한국사

흥선 대원군·명성 황후

**추천의 글**

# 세상을 희망으로 이끌었던 '사람'을 만나자

"우리 아이에게 역사를 잘 알려 주고 싶은데, 어떤 책을 읽히면 좋을까요?"
전국 곳곳을 강연 다니는 동안, 유·초등 자녀를 둔 부모님들로부터 가장 많이 받은 질문입니다.
저는 그 질문에 대해 한결같이 이렇게 답했습니다.
"세상을 조금 더 희망으로 이끌었던 '사람'이 있는 책을 읽히시면 됩니다."

사실 어린이들은 역사에 별로 큰 관심이 없습니다. 왜냐고요?
어른들이 사는 '오늘'은 어제와 별로 달라 보이지 않는 하루하루지만, 어린이들이 사는 '오늘'은 날마다 신세계이기 때문입니다. 매일매일 새로운 걸 경험하고 사는 것이지요. '오늘'에 대한 호기심이 어른들과 달리 높으니, 지나간 시간인 역사에 관심 가질 여유와 필요가 별로 없는 거죠.
다만, 어린이들은 슈퍼우먼이나 슈퍼맨에게 더 큰 관심이 있습니다. '리스펙트', '영웅', '멘토' 등 닮고 싶은 사람에게 열광합니다. 그 '사람'들이 세상을 조금 더 희망으로 이끄는 사람이라면 정말 좋지 않을까요?
어린이들은 마치 리트머스 종이와 같습니다. 만약 어린이들이 그 사람들을 만난다면 열광하고 따를 뿐만 아니라, 자기들도 저마다 세상을 희망으로 이끌 수 있을 테니까요.

〈who?〉 한국사 시리즈는 바로 세상을 조금 더 희망으로 이끈 '사람'들의 이야기를 담고 있습니다. 제가 예전부터 눈여겨보던 책이었고, 제가 강연하며 만나는 부모님들께 추천했던 책인데, 이번에 추천사를 쓰게 되어 참 좋네요.

어린이들은 역사의 연대기적 흐름보다는 '사람'의 삶을 살펴보며 퍼즐 맞추듯 시대를 따라갈 때 역사에 더 많은 집중을 하게 됩니다. 심지어 〈who?〉 한국사에서 만나게 되는 사람들이 모두 시대를 희망으로 이끄는 슈퍼우먼이나 슈퍼맨이니 얼마나 좋습니까!
〈who?〉 한국사 시리즈를 통해 역사의 '슈퍼스타'들을 만나다 보면 어느 순간 그들이 활약했던 그 시대에 서서히 관심을 갖게 될 것이고, 자연스럽게 그 시대 구조를 배울 수 있을 것입니다. 그렇게 역사의 지평을 넓히게 되는 것이지요. 역사를 배울 때는 이런 단계적 접근법을 권해 드리고 싶어요.

역사는 사람들이 걸어 온 발자국을 모아 만든 길입니다. 그 길을 따라 걷다 보면 자연스럽게 내가 지금 걷고 있는 길과 만나게 되지요. 그리고 그 길 위에 나의 발자국 하나 또 남기게 됩니다.

〈who?〉 한국사 시리즈에서 만나는 '사람'들의 발자국이 만든 길. 그 길은 조금 더 나은 사회로 나아가는 길입니다. 그 길을 우리도 함께 걷죠.

 **최태성** 모두의 별★별 한국사 연구소장

최태성 선생님은 성균관대학교 사학과를 졸업하고 대광고등학교 등에서 20년간 교직에 몸담았습니다. 2001년부터 지금까지 EBS 한국사 대표강사로서 '학생들에게 웃으며 듣다가 감동의 눈물을 흘리는' 한국사 명강의를 선사하고 있습니다. 현재는 무료 온라인 강의 사이트 '모두의 별★별 한국사'와, 유튜브 인강 전문 채널 최태성 1TV, 교양 전문 채널 최태성 2TV를 운영하고 있습니다.

또 KBS 1TV <역사저널 그날>, MBC <백년만의 귀향, 집으로> 등 각종 매체에 출연하였으며 KBS 라디오 FM 대행진 <별별 히스토리> 코너와 EBS <미래교육 플러스>를 진행하고 있습니다. 또한 다양한 강연을 통해서도 한국사 대중화에 앞장서고 있습니다. '역사의 대중화'라는 꿈을 실현하기 위한 큰★별쌤의 새로운 도전은 지금, 이 순간에도 계속되고 있습니다. 주요 저서로는 《역사의 쓸모》, 《역사 멘토 최태성의 한국사》, 《최태성 한국사 수업》, 〈구해줘 카카오프랜즈 한국사〉, 〈최태성의 한국사 수호대〉, 〈큰별쌤 최태성의 초등 별별한국사〉 등이 있습니다.

큰별쌤 최태성의
who? 한국사 강의를
만날 수 있습니다!

## 추천의 글

# 세계적인 리더로 성장하기 위한 밑거름

〈who?〉 시리즈는 어린이들은 물론 어른들에게도 재미와 감동을 주는 교양 만화입니다. 대한민국은 물론 전 세계에 영향력을 끼친 인물들로 구성되었으며, 인물들의 삶과 사상을 객관적으로 전해 줍니다. 이처럼 다양한 분야에서 활약한 인물들의 이야기를 통해 과학, 예술, 정치, 사상에 관한 정보는 물론이고, 시대별 문화와 역사까지 배우게 될 것입니다.

〈who?〉 시리즈의 가장 큰 장점은 인물들이 그들의 삶에서 겪은 기쁨과 슬픔, 좌절과 시련, 감동을 어린이들이 함께 느낄 수 있다는 것입니다. 어린이 독자들이 인물들을 통해 자신만의 멘토를 만나 세계적인 리더로 성장하기를 진심으로 응원합니다.

**존 덩컨** 미국 UCLA 동아시아학부 교수
한국학 분야의 세계적인 석학으로, 미국 UCLA 한국학연구소 소장 및 동 대학의 동아시아학부 교수를 겸직하고 있습니다. 하버드대학교 교환 교수와 고려대학교 해외 교육 프로그램 연구센터장을 역임했으며, 주요 저서로는 《조선 왕조의 기원》, 《조선 왕조의 시민 행정의 제도적 기초》 등이 있습니다.

# 세상을 더 나은 곳으로 만든 사람들의 이야기

어린이들은 자라면서 수많은 궁금증을 가지게 됩니다. 그중에서도 "저 사람은 누굴까?"라는 질문은 종종 아이들의 머릿속을 온통 지배해 버리기도 합니다. 〈who?〉 시리즈는 그런 궁금증을 해결해 주기 위해 다양한 분야의 인물들을 소개하고 있습니다.

〈who?〉 시리즈에 등장하는 인물들은 인종과 성별을 넘어 세상을 더 나은 곳으로 만든 사람들입니다. 어린이들은 이 책에서 디지털 아이콘으로 불리는 스티브 잡스는 물론 니콜라 테슬라와 같은 천재 발명가를 만날 수 있습니다.

책 속 주인공들의 어린 시절 이야기를 통해 기쁨과 슬픔, 도전과 성취감을 맛보고, 그들과 함께 성장하면서 인류에 도움이 되는 사람이 되겠다는 포부와 자신감을 갖게 될 것입니다.

**에드워드 슐츠** 하와이주립대학교 언어학부 교수
하와이주립대학교 언어학부 교수이자, 동 대학교 한국학센터 한국학 편집장을 역임한 세계적인 석학입니다. 평화봉사단 활동으로 한국에서 영어 교사로 근무했으며, 현재 한국과 미국, 일본을 오가며 활발하게 활동하고 있습니다. 저서로는 《중세 한국의 학자와 군사령관》, 《김부식과 삼국사기》 등이 있고, 한국 중세사와 정치에 대한 다수의 기고문을 출간하였습니다.

## 미래 설계의 힘을 얻는 길이 여기에

어린 시절 만난 한 권의 책이 인생에 미치는 영향이 얼마나 큰지는 꿈을 이룬 사람들을 통해서 알 수 있습니다. 빌 게이츠는 오늘날 자신을 만든 것은 동네의 작은 도서관이었다고 말하고, 오프라 윈프리는 어린 시절 유일한 친구는 책이었음을 고백하며 독서의 중요성에 대해 이야기합니다.

꿈을 이룬 사람들의 공통점은 또 있습니다. 그들에게는 어린 시절, 나만의 특별한 위인이 있었습니다. 버락 오바마, 빌 게이츠, 조앤 롤링, 스티브 잡스 등 세상을 바꾼 사람들의 감동적인 이야기를 담은 〈who?〉 시리즈는 어린이들이 희망찬 미래를 그리고 구체적인 목표를 설정할 수 있도록 도와줄 친구이면서 안내자입니다.

**송인섭** 한국영재교육학회 회장

자기 주도 학습 분야의 최고 권위자로, 숙명여자대학교 명예 교수이자 한국영재교육학회 회장입니다. 한국교육심리연구회 회장, 한국교육평가학회장, 한국영재연구원 원장을 역임했습니다. 자기 주도 학습과 영재 교육의 이론을 실제 교육 현장에 적용하기 위해 노력하고 있습니다.

## 평생을 이끌어 줄 최고의 멘토를 만나다

국제회의 통역사로 30년 동안 활동하면서 세계적인 리더들을 만났던 저는 대한민국의 초등학생들에게 특별한 조언을 해 주고 싶습니다. 그것은 큰 꿈을 가지라는 것입니다. 꿈은 힘들고 지칠 때 나를 이끌어 주는 힘이고 내 인생의 주인이 되어 일어설 수 있게 하는 원동력이 되어 줍니다. 저 역시 어린 시절 품었던 꿈 덕분에 괴롭고 힘들어도 포기하지 않고 다시 일어설 수 있었습니다.

어린 시절 저에게도 용기를 불어넣어 주고 힘이 되어 주었던 분들이 있었습니다. 지금의 자리로 저를 이끌어 준 멘토들처럼 〈who?〉 시리즈에서 여러분의 친구이자 형제, 선생님이 되어 줄 멘토를 만날 수 있기를 바랍니다.

**최정화** 우리나라 최초 국제회의 통역사

우리나라 최초의 국제회의 통역사로 한국외국어대학교 번역대학원 교수입니다. 세계 무대에서 자신의 꿈을 이룬 여성 신화의 주인공으로, 역시 세계에서 꿈을 펼치려고 하는 소년에게 멘토의 역할을 충실히 하고 있습니다. 저서로는 《외국어, 내 아이도 잘할 수 있다》, 《외국어를 알면 세계가 좁다》, 《국제회의 통역사 되는 길》 등이 있습니다.

## 구성 및 활용법

### 인물 만화

우리나라 역사 인물들을 만화로 만나면 어렵고 딱딱한 역사도 쉽고 재미있게 즐길 수 있어요.

### 한국사 흐름 잡기

생생한 사진과 자세한 해설로 한국사 흐름을 알려 주어 다양한 교과 연계 학습이 가능합니다.

### 한국사 연표

선사 시대부터 현재까지 한국사 전체 연표로 역사의 전체 흐름을 이해할 수 있어요.

### 한국사 독해 워크북

하루에 하나씩 지문을 읽고 문제를 풀어 보세요. 하루하루가 쌓여 문해력이 향상됩니다.

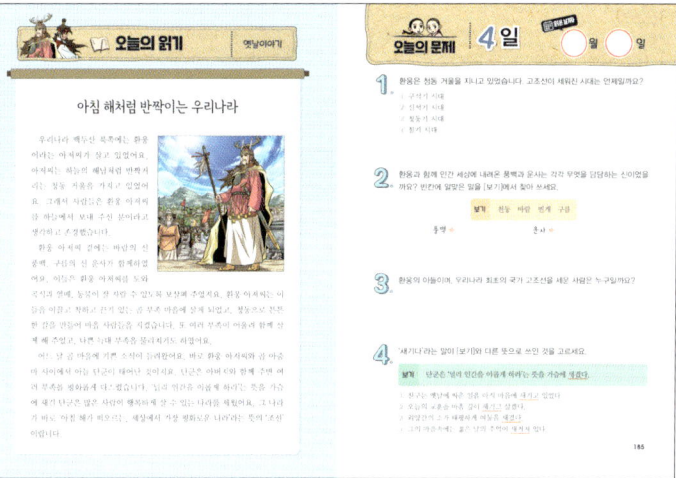

### 한국사 연표 여행

책 마지막 쪽에는 오려서 사용하는 인물 스티커가 있습니다. 연표 브로마이드인 '한국사 인물과 떠나는 연표 여행'에 붙여서 연표를 완성해 보세요.

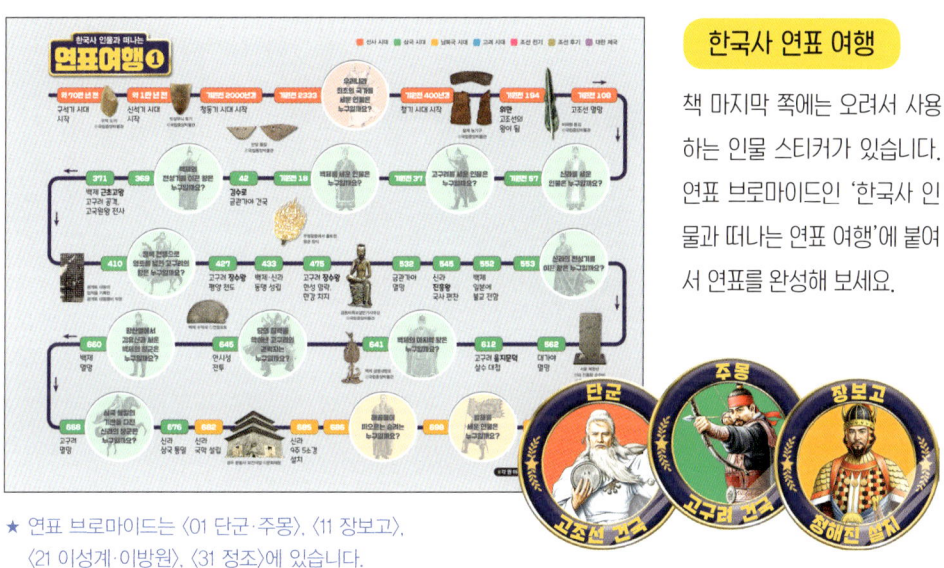

★ 연표 브로마이드는 〈01 단군·주몽〉, 〈11 장보고〉, 〈21 이성계·이방원〉, 〈31 정조〉에 있습니다.

### 한국사 인물 카드

한 손에 쏙 들어오는 인물 카드에는 인물의 주요 정보가 있어요. 늘 가지고 다니며 인물과 더욱 친해질 수 있어요.

# 차례

## 1
### 상갓집 개, 대원군이 되다 20
**한국사 흐름 잡기**
세도 정치의 등장 38

## 2
### 조선의 국모가 되다 42
**한국사 흐름 잡기**
흥선 대원군의 개혁 정책 60
개항을 요구한 서양 열강 62

추천의 글
구성 및 활용법
등장인물 소개
인물 관계도

## 3
### 문호를 개방하다 64
**한국사 흐름 잡기**
흥선 대원군의 대외 정책 90
강화도 조약 92

## 4
### 위기에 빠진 흥선 대원군 94
**한국사 흐름 잡기**
명성 황후의 정치 참여 112
명성 황후와 고종의 개화 정책 114

# 5
## 삼일천하로 끝난 갑신정변 116

**한국사 흐름 잡기**

개화 정책에 대한 반발 132

# 6
## 일본의 침략 야욕을 외교로 풀다 134

**한국사 흐름 잡기**

국제 정세의 변화 152

체험 학습
한국사 연표

# 7
## 운명의 그날 154

**한국사 흐름 잡기**

을미사변 이후 조선의 상황 178

### 한국사 독해 워크북 184

1일: 세도 정치, 막을 내리다!
2일: 서양 세력으로부터 조선을 지켜야 한다
3일: 정치 참여를 선언하노라
4일: 개화에 반대하는 사람들은 모이시오!
5일: 보고 싶은 중전에게
6일: 과거 여행을 하고 왔어
7일: 강화도에 다녀왔어요!

## 등장인물 소개

1392년 1400년　　　　　　　　　1500년
조선 건국

섭정으로 조선을
이끈 정치가
### 흥선 대원군
1820~1898

흥선 대원군은 조선 제26대 왕인 고종의 아버지로, 고종을 대신해 무려 10여 년 동안 나라를 다스렸어요. 흥선군은 철종이 아들 없이 죽자 둘째 아들을 왕으로 앉히고, 자신은 대원군의 자리에 올랐습니다. 이후 흥선 대원군은 여러 개혁 정치를 통해 조선을 안정시켜 나갔어요. 하지만 당시는 서양 열강들이 조선에 진출하려 하고 있었어요. 대원군은 문호의 개방을 주장하는 이들을 향해 어떤 태도를 보였을까요?

외교로 조선을
지키려고 한 왕비
### 명성 황후
1851~1895

명성 황후는 인현 왕후의 후손인 여흥 민씨 집안의 딸이었어요. 조선 후기는 세도 정치로 혼란했기에 흥선 대원군은 몰락한 집안의 그녀를 중전의 자리에 앉혔지요. 명성 황후는 시대와 정치의 흐름을 읽을 줄 알았어요. 그녀는 정치적으로 혼란했던 조선 말기 여러 나라 사이에서 조선의 발전을 도모했어요. 명성 황후가 이루고자 했던 조선의 모습은 어떤 것이었을까요?

조선의 제26대 왕
### 고종
1852~1919
(재위 1863~1907)

고종은 흥선 대원군의 둘째 아들로, 철종이 아들 없이 죽자 열두 살의 나이로 왕위에 올랐어요. 하지만 어린 고종을 대신해 10여 년 동안 아버지인 흥선 대원군이 권력을 잡고 개혁 정치를 펼쳤고, 1873년이 되어서야 직접 정치를 할 수 있었어요. 그러나 곧 그의 비인 명성 황후를 중심으로 한 민씨 세력이 정권을 잡고 말았지요. 아버지와 명성 황후 사이에서 고종은 어떻게 행동했을까요?

| 1600년 | 1700년 | 1800년 | 1820년 | 1851년 | 1900년 |

흥선 대원군   명성 황후

**고종을 왕으로 세운 대왕대비**
## 조 대비
(신정 왕후)
1808~1890

조 대비는 조선 제23대 왕 순조의 아들인 효명 세자의 비예요. 흥선군 이하응과의 은밀한 만남 이후, 고종을 왕위에 올리는 데 결정적인 역할을 하지요. 고종의 즉위 이후 조선에서는 세도 정치를 몰아내는 등 큰 개혁이 시작됐습니다. 조 대비는 흥선군의 어떤 모습을 보고 고종을 왕위에 오르게 한 것일까요?

**명성 황후의 양오라버니**
## 민승호
1830~1874

민승호는 조선 고종 때의 문신으로 명성 황후의 양오빠였습니다. 명성 황후가 정치적으로 많은 영향력을 펼치자 그녀의 측근이었던 민승호는 큰 권력을 가지게 되었지요. 대원군이 실각한 후 더 큰 권력을 장악하게 된 민승호는 이후 어떻게 됐을까요?

### 흥선 대원군과 명성 황후가 활동한 시대는?

조선 말기, 세도 정치로 인해 백성들의 삶은 점점 힘겨워졌어요. 또한 주변국인 일본과 청나라는 물론 서양 열강이 조선으로의 진출을 꿈꾸고 있었지요.
이런 혼란기에 흥선 대원군은 자신의 아들을 왕으로 세우고 아들 고종을 대신해 정치를 하였습니다. 흥선 대원군은 개화를 반대하고 통상 수교 거부 정책을 통해 조선을 지키고자 했어요. 하지만 고종의 비인 명성 황후는 개화하여 서구의 발전된 문물을 받아들여야 한다고 주장했습니다.
이런 혼란한 상황에서 흥선 대원군과 명성 황후는 조선의 미래를 위해 어떤 행동을 했을까요? 또 그들의 정치로 인해 조선의 운명은 어떻게 달라졌을까요?

인물 관계도

## 흥선 대원군의 가계도

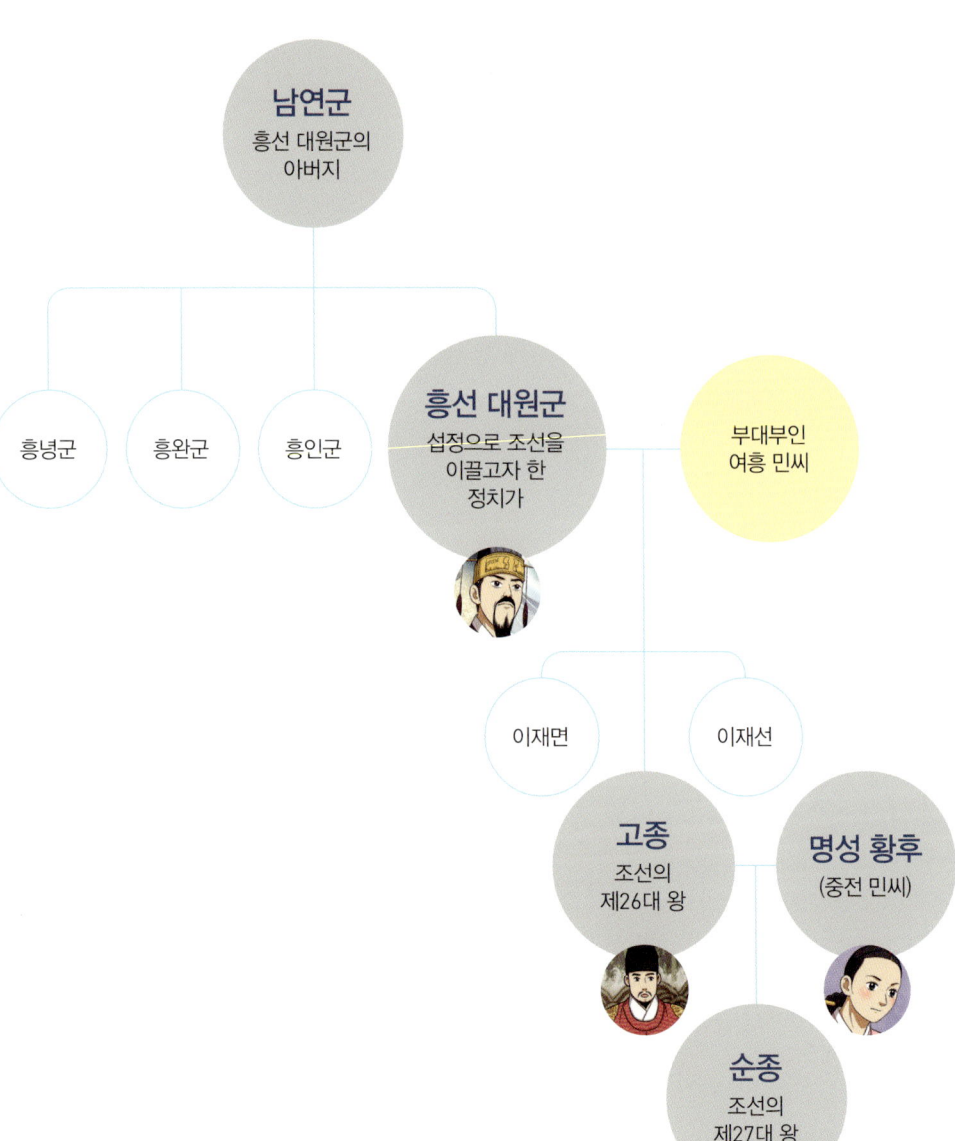

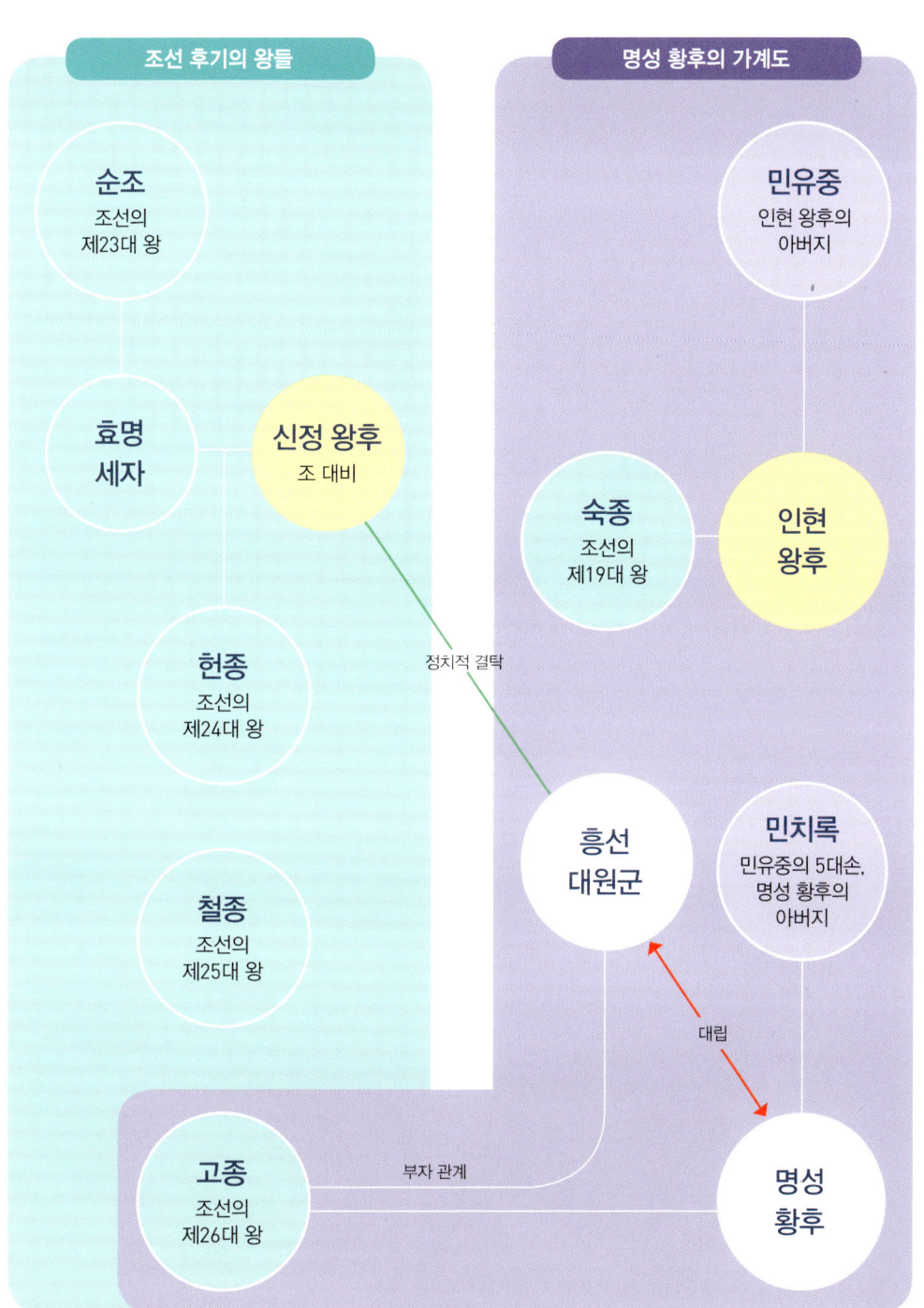

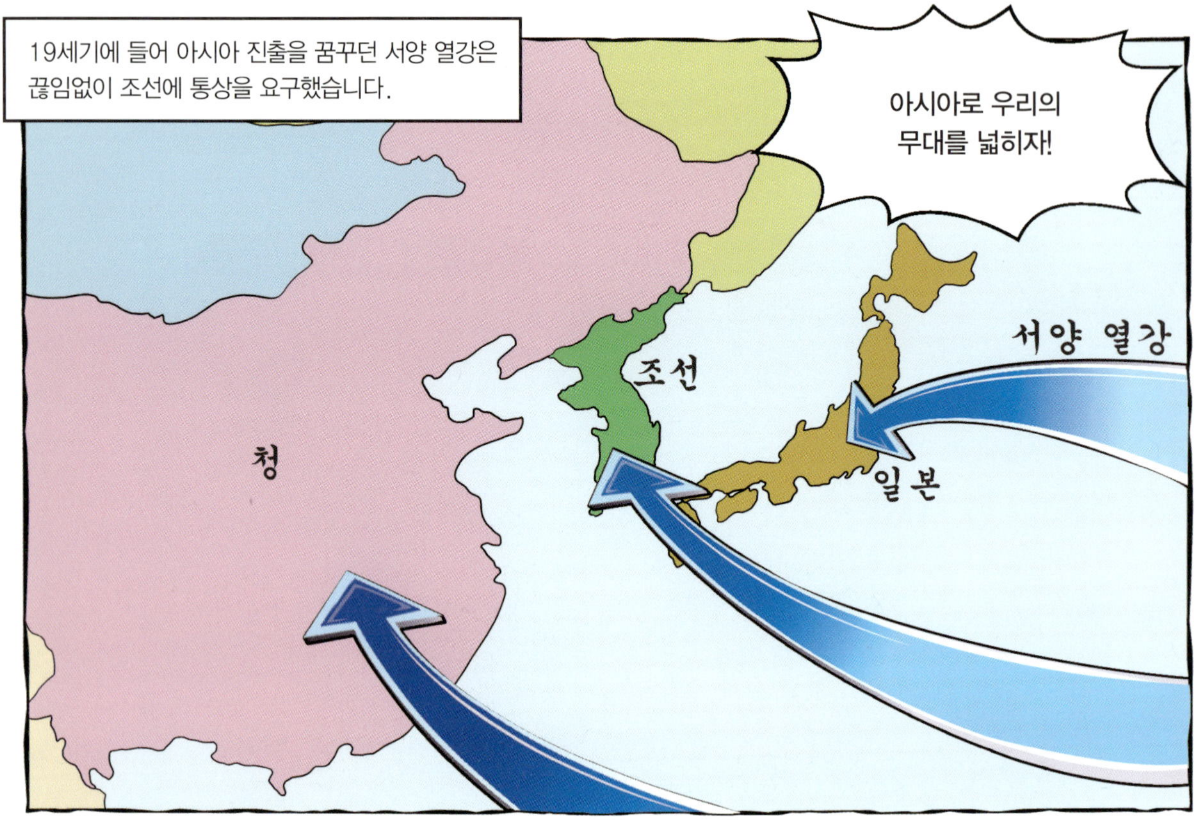

19세기에 들어 아시아 진출을 꿈꾸던 서양 열강은 끊임없이 조선에 통상을 요구했습니다.

아시아로 우리의 무대를 넓히자!

서양 열강

조선

청

일본

1866년(고종 3년), 미국의 제너럴셔먼호가 서해안을 통해 대동강을 거슬러 와 평양에 도착한 후 무역을 강요했고,

우리와 무역을 하자!

탕 탕

화가 난 평양 군민들과의 충돌로 결국 제너럴셔먼호는 불탔고 미국 선원들은 모두 처형되었습니다.

이때 권력을 쥐고 있던 고종의 아버지 흥선 대원군은 전국에 척화비를 세우고 통상 수교 거부 정책을 펼쳤습니다.

서양 오랑캐와 *화친하는 것은 나라를 팔아먹는 일이다!

조선은 절대 문호를 개방하지 않을 것이다.

洋夷侵犯非戰則和主和賣國
戒我萬年子孫
丙寅作 辛未立

* 화친 나라와 나라가 다툼없이 가까이 지냄

반면 중전 민씨(명성 황후)는 흥선 대원군과 생각이 달랐습니다.

아버님, 언제까지 우물 안 개구리처럼 좁은 하늘만 보려 하십니까?

조선의 발전을 위해서는 서양의 발전된 문물을 받아들여야 한다고 생각했습니다.

청나라와 일본도 개항했는데, 조선이 어찌 버티겠습니까? 조선도 서양 문물을 받아들여 발전된 새 나라로 만들어야 합니다.

서양의 강대국들이 조선을 향해 다가오던 19세기 후반, 조선의 흥선 대원군과 중전 민씨는 서로 다른 생각을 하고 있었습니다. 그리고 이 둘의 대립은 조선을 혼란으로 밀어 넣었습니다.

# 1 상갓집 개, 대원군이 되다

조선 제26대 왕 고종의 아버지 흥선 대원군은 고종이 왕위에 오르기 전에는 상갓집 개라 불리며 돌아다니는 한심한 *파락호에 불과했습니다.

거 남는 음식이 있으면 좀 줍쇼~

촤악

여기가 어디라고, 구걸이오? 썩 돌아가시오.

아니, 저게 누구야? 왕족인 이하응 나리 아냐?

나리는 무슨! 상갓집이나 돌아다니며 구걸하는 상갓집 개지.

* **파락호** 재산이나 세력이 있는 집안의 자손으로서 집안의 재산을 몽땅 털어먹는 난봉꾼을 이르던 말

그는 조선 제21대 왕인 영조의 자손인 왕족이었으나, 그의 행실 때문에 아무도 거들떠보지 않았습니다.

당시는 철종이 재위한 시절로, 왕권이 힘을 잃고 안동 김씨가 나랏일을 마음대로 주물렀던 세도 정치 시기였습니다.

* **한량** 관직도 없이 놀고먹기만 하는 사람
* **명복** 고종의 어릴 적 이름

상갓집 개, 대원군이 되다

* **수령** 고을을 맡아 다스리는 지방 관리

* **환곡** 흉년이 들거나 식량이 떨어지는 봄에 곡식을 빌려주는 제도
* **군역** 조선 시대 국방의 의무. 당시에 군대에 가는 대신 무명 한 필을 내도록 하는 제도가 있었음

* **대왕대비** 조선 시대 왕의 할머니를 이르는 말
* **후사** 대를 이을 자식

* **수렴청정** 임금이 어린 나이로 즉위했을 때, 왕이 성인이 될 때까지 왕대비나 대왕대비가 국정을 대리로 처리하던 것

1863년(철종 14년), 조선의 제25대 왕인 철종이 *승하했습니다.

* **승하** 임금이나 존귀한 사람이 세상을 떠난 것을 높여 부르는 말
* **상위복** 왕이 승하했을 때, 내시가 떠나가는 국왕의 혼령에게 돌아오라고 외치는 말

1863년(고종 즉위년), 조선의 제26대 왕 고종이 즉위했습니다.

이 자리에 오르기까지 참고 견뎠다.

전하를 대신하여 안동 김씨를 몰아내고, 고통받는 백성을 위해 새로운 시대를 열리라!

★ 의정부 조선 시내 최고 행정 기관

## 한국사 흐름 잡기

# 세도 정치의 등장

### 갑작스러운 정조의 죽음

조선 후기에는 전국에 모내기법이 널리 퍼지고, 인삼이나 고추, 담배 등의 상품 작물을 재배하면서 농업 경제력이 많이 좋아졌습니다. 이런 분위기 속에서 문화가 발달하고 학문이 발전하면서 조선 사회도 오랜만에 활기를 띠게 되었죠.

그런데 1800년(정조 24년), 성군으로 좋은 정치를 펼치던 조선 제22대 왕인 정조가 갑작스럽게 죽음을 맞이하게 되었습니다. 예상치 못한 일에 왕실은 큰 혼란에 빠졌어요. 다음 왕위에 오

조선 제21대 왕 영조의 계비인 정순 왕후의 생가

른 순조는 열한 살의 나이로, 정치를 하기에는 어렸기 때문에 아버지 정조의 정책을 이어받아 조선의 개혁을 실천할 수 없었어요. 결국 순조 즉위 후 약 4년 동안은 영조의 계비(임금이 다시 장가를 가서 맞은 아내)인 정순 왕후가 왕실 어른으로서 수렴청정을 했지요. 순조가 직접 정치를 시작한 이후에는 장인인 김조순이 순조를 도와 정치를 이끌어 나갔습니다.

### 외척 세력이 조선의 정치를 장악하다

정조는 세상을 떠나기 전 홀로 남을 어린 아들이 걱정스러워 당시 많은 인재를 배출한 안동 김씨 집안과 혼인을 시키기로 정했습니다. 그중에서도 여러 관직을 두루 거친 김조순의 딸을 며느리로 점찍어 두었습니다. 정조의 죽음 후 순조는 아버지 뜻에 따라 김조순의 딸과 혼인했어요. 이후 순조가 직접 정치를 시작한 후에는 장인인 김조순에게 도움을 청했습니다.

김조순은 정치적 야망이 크고 아주 영리한 인물이었어요. 도움을 청하는 순조에게 왕의 장인이 조정에 남아 곁에서 일하는 것은 옳지 못하다고 말하며 정치에서 물러났어요. 하지만 뒤에서는 자신의 말대로 움직일 안동 김씨 세력을 정승, 판서 등의 주요 관직에 줄줄이 앉히고 이들과 함께 조선의 정치를 좌지우지했습니다.

### 세도 정치로 인해 피폐해진 조선

김조순을 비롯한 안동 김씨들은 시간이 갈수록 점점 더 막강한 세력을 가지고 권력을 휘둘렀습니다. 이에 순조는 안동 김씨에 대항하고자 아들인 효명 세자를 풍양 조씨 집안 조만영의 딸과 결혼시켰지만, 풍양 조씨 또한 높은 자리를 독점하고 국가 정책을 좌우하는 등 안동 김씨와 다를 바가 없었습니다.

조선 후기에는 이렇듯 왕실과 혼인 관계를 맺은 몇몇 가문이 권력을 독점하였는데, 이것을 세도 정치라고 해요. 세도 정치는 순조, 헌종, 철종의 3대에 걸쳐 60여 년 동안 이어졌습니다.

세도 정치 아래서 왕은 허수아비와도 같았고 세도가의 위세에 눌려 지내야 했습니다. 세도 가문이 판을 치게 된 조정은 조선 백성을 위

철종의 어진

한 일을 하는 곳이 아니었어요. 오로지 자신들의 권력과 부를 유지하는 데만 혈안이 되어 있었기에 온 나라 안에 부정과 부패가 만연했고 민생은 도탄에 빠져 백성들의 고통은 말로 표현하기 어려울 정도였습니다.

세도 정치는 흥선 대원군이 세도 가문을 상대로 대대적인 개혁을 이루고 나서야 사라졌습니다.

> **여기서 잠깐** **부정부패가 판을 치게 한 세도 정치**
>
> 안동 김씨가 조정의 주도권을 장악한 후 조선은 부정부패가 판을 치게 되었습니다.
>
> 뇌물로 관직을 사고파는 일이 공공연하게 이루어졌고, 과거 시험에서도 실력보다는 부정에 의해 합격이 좌우되는 일이 많았어요. 또 과거에 급제해도 세도가에 줄을 대지 않으면 좋은 관직에 오르기 어려웠습니다. 많은 뇌물을 주고 관직을 산 관리들은 자신이 뇌물로 바친 돈을 보충하기 위해 백성들에게 더 많은 세금을 거둬들이는 데 혈안이 되었어요. 온갖 이름을 붙여 세금을 더 많이 거둬들였고, 그 세금을 수탈해 자신들의 이익으로 남겼지요. 이렇듯 세도 정치는 탐관오리의 부정부패로 이어졌고, 백성은 비참한 생활을 해야 했습니다.

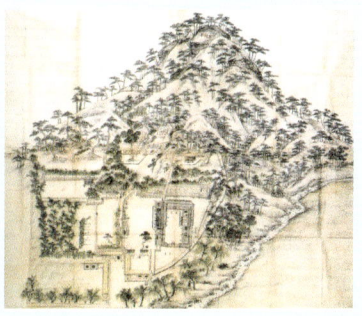

〈옥호정도〉에 나오는 순조의 장인인 김조순의 집

## 한국사 흐름 잡기

### 흥선 대원군과 명성 황후

오랜 세도 정치로 엉망이 된 조선에 개혁이라는 칼날을 과감하게 들이댄 사람이 있었습니다. 바로 흥선 대원군이었지요. 흥선 대원군은 외부적으로는 통상 수교 거부 정책을 펼쳤어요. 여기에 반기를 든 사람이 바로 며느리 명성 황후였어요. 명성 황후는 여러 나라가 조선을 노리는 상황에서 적극적인 외교만이 조선이 살길이라고 생각했습니다.
조선 후기, 조선의 정치에 관해 상반된 생각을 가진 이 두 사람에 대해 좀 더 알아볼까요?

### 개혁을 위해 몸을 낮춘 흥선 대원군

조선 후기에 들어 왕들이 일찍 죽으면서 왕실은 다음 왕위를 이을 사람을 찾기 힘든 상황이 되었어요. 몇 안 남은 왕실 가족 중 한 명이었던 흥선 대원군은 자신의 모습을 철저히 감추었어요. 왜냐하면 안동 김씨는 최대한 어리숙한 사람을 왕위에 앉히려 했거든요. 그래야 자기들 마음대로 정치를 휘두를 수 있으니까요. 흥선 대원군은 일부러 어리숙하게 행동하기로 작정했어요. 그리고 자신의 아들 명복을 왕으로 세울 때를 기다렸습니다.

흥선 대원군 초상

### 여기서 잠깐 세도 정치와 붕당 정치는 어떻게 다를까?

붕당은 학문적·정치적으로 뜻을 같이하는 유학자들이 모여 구성한 정치 집단을 말해요. 각 붕당이 서로 비판하고 견제하면서 행하던 정치를 붕당 정치라고 합니다. 각 붕당은 왕이 자신들의 뜻을 정책에 반영해 주기를 바라며 다투기도 하고, 거짓으로 다른 당을 공격하기도 했어요.
붕당 정치 시기에는 왕권이 있었기 때문에 각 붕당은 서로 힘의 균형을 이루며 자신이 속한 집단의 이익과 더불어 나라의 발전을 위한 정책에 힘을 쏟았습니다.
하지만 세도 정치는 달랐어요. 한마디로 허울뿐인 왕을 앞세워 왕을 대신해 큰 권력을 누리며 정치를 마음대로 했던 것이지요. 특정 집안이 큰 권력을 누렸기 때문에 왕조차도 이를 막을 수 없었어요. 결국 조선의 정치는 부정부패의 온상이 되어 점점 기울기 시작했습니다.

학문을 연구하고 세력을 키운 유학자들의 근거지 서원

아들을 왕위에 앉힌 후 흥선 대원군은 섭정을 통해 조선을 위한 과감한 정책을 시행했어요. 안동 김씨 세력을 몰아내고 경복궁을 다시 세웠으며, 부패의 온상인 서원을 없애는 등 여러 개혁 정치를 펼쳤습니다.

### 세상의 변화를 읽은 명성 황후

왕비의 가족이 판을 치는 세도 정치에 이를 갈던 흥선 대원군은 며느리를 아주 신중하게 골랐어요. 그래서 몰락한 명문가 출신의 명성 황후를 며느리로 맞이했지요. 하지만 흥선 대원군은 명성 황후가 굉장히 똑똑하고 정치적 능력까지 갖춘 인물이었다는 것은 몰랐어요.

궁에 들어온 명성 황후는 남편인 고종과 손잡고 흥선 대원군의 통상 수교 거부 정책에 반대하며 개화 정책을 추진했어요. 외국과 조약을 체결하는 등의 활발한 외교 정책을 펼치고자 했던 것입니다.

조선 제26대 왕 고종과 명성 황후를 합장한 무덤인 남양주 홍릉

**교과서 핵심 키워드**

### 조선 후기의 사회 변화

1. 조선 후기의 사회 발전
   - 영조와 정조의 개혁 정치로 조선 후기 사회는 크게 발전하였습니다.
2. 조선 후기의 경제 발전
   - 모내기법의 보급으로 농업 경제가 활기를 띠었습니다.
   - 시장에 팔기 위한 작물을 재배했습니다.

### 세도 정치의 등장

1. 시대적 배경
   - 정조가 갑자기 죽으면서 어린 순조가 왕위에 올랐습니다.
   - 순조의 외척 집안인 안동 김씨가 정치를 좌우하게 되었습니다.
   - 순조, 헌종, 철종의 3대에 걸쳐 60여 년 동안 이어졌습니다.
2. 세도 정치의 문제
   - 나랏일은 뒷전으로 하고 자신들의 세력 유지에만 급급하였습니다.
   - 각종 부정부패가 심해지면서 백성들의 생활이 어려워졌습니다.

# 2 조선의 국모가 되다

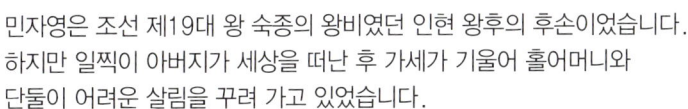

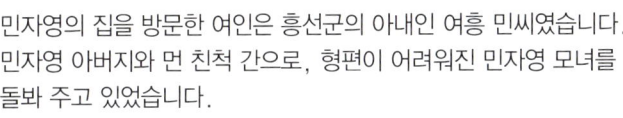

1863년(고종 즉위년)에 고종이 왕위에 오르자 흥선군은 왕의 친아버지에게 주는 벼슬인 대원군이 되었고, 그의 아내 여흥 민씨는 부대부인이라는 호칭을 받았습니다.

조선의 국모가 되다

* **운현궁** 서울시 종로구 운니동에 있는 흥선 대원군의 저택으로, 고종 즉위 후 운현궁으로 불렸음

1866년(고종 3년), 중전을 뽑는 초간택이 이루어졌습니다. 초간택은 임금이나 왕자의 배우자가 될 사람을 첫 번째로 고르던 일로, 초간택에서 다섯 명을 뽑은 후 재간택에서 세 명을 뽑고 삼간택에서 최종 한 명을 뽑았습니다.

* **규수** 남의 집 처녀를 정중하게 이르는 말

재간택 날

마지막 질문이오. 모름지기 임금은 무엇이라 생각하십니까?

임금은…… 그러니까 한 나라의 왕으로…….

임금은 나라의 으뜸이므로, 백성은 임금을 믿고 따라야 합니다.

제 생각에는…….

군자는 어질고 올바름을 실천하는 사람이요, 그렇지 못한 사람이 소인이자 악인이라 하였습니다.

어떻게 이런 일이…….

어쨌든 이제 어머니를 편히 모실 수 있게 됐어! 다행이야.

내가 왕비라고? 이 나라 조선의 국모?

1866년(고종 3년), 석 달간의 왕비 수업을 마친 민자영은 입궁하였습니다.

## 한국사 흐름 잡기

# 흥선 대원군의 개혁 정책

철종이 죽고 고종이 어린 나이로 왕위에 오르자 고종의 아버지인 흥선 대원군이 정권을 잡았어요. 흥선 대원군은 세도 정치를 없애고 왕권을 강화하여 백성들의 생활을 안정시키고자 했습니다.

### 세도 정치를 끝내다

조선의 제24대 왕 헌종이 아들 없이 죽자 왕실은 새로운 왕을 찾아야 했어요. 당시 강화에서 농사를 짓던 철종은 왕실의 먼 친척으로, 안동 김씨 세력에 의해 왕이 되었지요. 이를 보며 언젠가 자신에게 기회가 올지도 모른다는 생각을 한 흥선군은 일부러 파락호(재산이나 세력이 있는 집안의 자손으로서 집안의 재산을 몽땅 털어먹는 난봉꾼을 이르는 말)처럼 생활했어요. 똑똑한 왕족은 모두 죽이며 자신들의 권력을 유지하던 안동 김씨의 의심을 피하기 위해서였죠. 이후 흥선군은 헌종의 어머니인 조 대비(신정 왕후)와 뜻을 같이하여 자신의 아들을 왕위에 앉히고 조선의 개혁을 위한 정책을 펼쳤습니다.

우선 흥선 대원군은 안동 김씨 세력을 내쫓았어요. 하지만 무턱대고 내쫓거나 죽인 건 아니에요. 능력 있는 사람들은 그 자리를 유지해 주었지만 안동 김씨라는 이유만으로 자리를 차지하고 있던 사람들에게서는 모조리 벼슬을 빼앗았습니다.

또한 세도 정치 세력의 중심이었던 비변사를 없앴어요. 비변사는 군사와 나라의 정치를 총괄한 실질적인 최고 관청이었지요. 하지만 세도 정치로 인해 안동 김씨 세력이 모든 고위직을 차지하고는 부정부패를 일삼았어요. 이에 흥선 대원군은 비변사를 과감히 없애고 나라의 기강을 바로잡았습니다.

비변사터, 조선 중·후기 국가 최고 기관이었으나 세도 정치로 부패해 흥선 대원군에 의해 폐지됨.

### 백성을 위한 정책을 펼치다

서원은 유교의 나라 조선의 상징과도 같은 곳이에요. 서원은 본래 조상에게 제사를 지내고 유학을 가르치는 곳이었지요. 하지만 점차 지방 양반들이 세력을 키우는 근거지로 변질되었습니

다. 또 서원에는 세금을 매기지 않는 혜택
이 있었는데, 서원이 많아지자 이로 인해
국가 재정이 악화되는 문제가 발생했어요.
흥선 대원군은 서원의 폐단을 없애기 위해
과감한 결단을 내렸습니다. 서원 47개소

도산서원. 흥선 대원군의 서원 철폐 때도 살아남은 유서 깊은 서원

만 남기고 모두 없애라는 명령을 내린 것이지요. 그동안 서원을 통해 많은 특권을 누리던 유학자들은 상소를 올리며 비난했지만 흥선 대원군은 "백성을 해치는 자는 공자가 다시 살아난다 해도 용서하지 못한다. 지금의 서원은 도적의 소굴이다!"라고 말하며 결정을 번복하지 않았어요.

또한 흥선 대원군은 양반들의 큰 반발에도 그들에게 군포를 걷는 호포제를 실시하고, 환곡을 시정하는 등 세금 제도를 개혁했어요. 흥선 대원군은 백성들의 생활 안정에 힘을 쏟아 세도 정치로 힘들어하던 백성에게 힘이 되어 주었습니다.

### 왕실의 위엄을 높여라

흥선 대원군은 왕권을 강화하는 것을 중요하게 생각했습니다. 그래서 임진왜란 때 불탄 경복궁을 다시 지었어요. 흥선 대원군은 왕실의 권위를 위해서는 조선의 중심 궁궐이었던 경복궁을 다시 세워야 한다고 생각했어요. 큰 공사를 하려면 많은 돈이 필요했기 때문에, 공사 비용을 마련하기 위해 당백전을 발행하였어요. 당백전은 당시 사용되던 상평통보의 100배에 해당하는 가치를 가진 돈이었지만, 실제 가치는 5~6배에 불과했어요. 당백전이 대량으로 발행되자 화폐 가치는 떨어지고 물가는 크게 올라 경제가 혼란에 빠졌어요. 게다가 경복궁 중건에 백성들이 반강제로 동원되어 힘든 일을 해야 했으며, 건물의 기둥에 쓰일 큰 나무들은 양반들의 묘지 주변에서 강제로 베어다 사용하는 바람에 경복궁 중건 사업은 양반에서 일반 백성에 이르기까지 원망의 대상이 되었어요. 결국 경복궁 중건 사업은 수많은 불만 세력을 만들어 내며 국가 재정 악화의 원인이 되었습니다.

경복궁 근정전

## 한국사 흐름 잡기

# 개항을 요구한 서양 열강

열강이란 군사·정치·경제적인 기반이 탄탄해 국제 정치에 큰 영향력을 행사하는 힘 있는 국가를 말해요. 당시 흥선 대원군은 다른 나라와 관계를 맺지 않고 문호를 굳게 닫는 통상 수교 거부 정책을 펼쳤지요. 이에 조선 후기 바다 곳곳에서는 조선의 배와 달리 이상하게 생긴 배 이양선이 신식 무기로 무장한 채 조선의 개항을 요구하며 몰려들었습니다.

### 프랑스가 신식 무기를 들고 쳐들어온 병인양요

흥선 대원군은 평등사상을 주장하고 제사 의식을 거부하는 천주교를 사학(조선 시대에 성리학에 반대되거나 어긋나는 학문을 이르던 말로, 천주교나 동학을 가리킴)이라 말하며 탄압했습니다. 또한 1866년(고종 3년), 프랑스 선교사 9명과 천주교도 8,000여 명을 죽였습니다. 이 소식을 전해 들은 프랑스는 이를 핑계 삼아 신식 무기로 무장한 군대를 이끌고 강화도를 쳐들어 왔는데, 이를 병인양요라고 합니다.

프랑스군은 조선군의 공격을 받아 피해를 입고 철수했습니다. 그런데 이때 외규장각에 보관 중이던 각종 서적과 문화재를 약탈해 갔어요. 이후 흥선 대원군은 통상 수교 거부 정책을 더욱 굳히고 천주교 박해에도 박차를 가했습니다.

### 오페르트 도굴 사건

병인양요가 일어나고 2년 뒤, 서양 배가 충청도 해안에 닻을 내렸어요. 독일의 상인 오페르트를 비롯한 서양인들은 관아로 쳐들어가 무기를 빼앗은 후 어디론가 사라졌지요. 그들이 간 곳은 흥선 대원군의 아버지 남연군의 묘였습니다. 그러곤 무덤을 파헤치기 시작했습니다.

오페르트는 왜 이런 짓을 했을까요? 조선과 통상을 하기 원했던 오페르트는 조선이 조상을 중요하게 여긴다는 것을 이용하기로 했어요.

바로 남연군의 관을 가져가, 흥선 대원군과 협상

남연군의 묘. 남연군은 흥선 대원군의 아버지이자 고종의 할아버지임.

하려고 했던 거예요. 하지만 돌로 만든 관은 아무리 파내려 해도 꼼짝하지 않았고, 결국 오페르트는 빈손으로 돌아가야 했지요. 이 소식을 들은 흥선 대원군과 백성들은 분노했고, 서양과의 교류에 반대하는 의견이 더 강해지게 되었습니다.

강화 광성보. 신미양요 때 미국과 치열한 격전을 치른 곳임.

### 미국에 의해 벌어진 신미양요

1871년(고종 8년), 미국이 조선과의 통상 조약을 맺고자 군함을 이끌고 강화도 해협에 침입한 사건이 발생했습니다. 이 사건을 신미양요라고 해요. 전투태세를 갖추고 있던 조선은 강화도를 지키는 진영 중 하나인 광성진에서 대포를 쏘았죠. 하지만 최신 무기를 갖춘 미군에 대적할 수는 없었어요. 광성진의 성채는 허물어졌고, 어재연 장군이 이끄는 조선군은 이에 맞서 죽을 각오로 싸웠지요. 결국 미국은 별다른 성과 없이 철수했습니다.

신미양요가 끝난 뒤 흥선 대원군은 서울의 종로를 비롯한 전국 각지에 척화비(서양과 절대 화친할 수 없다는 내용을 담고 있는 비석)를 세웠어요. 이후 조선은 철저하게 외국과의 교류를 끊고 통상 수교 거부 정책을 펼쳤습니다.

### 여기서 잠깐 제너럴셔먼호 사건

1866년(고종 3년) 대동강을 따라 낯선 배가 천천히 올라오고 있었어요. 미국 국적의 배인 제너럴셔먼호였지요. 제너럴셔먼호는 교역을 주장하며 배 안에 실려 있던 자명종, 비단 등을 조선의 쌀, 홍삼 등과 교역하자고 했습니다. 하지만 조선이 이 제안을 거부하자 제너럴셔먼호는 주변의 배를 빼앗고 사람들에게 총을 쏘아 죽였어요.

평안도 관찰사인 박규수는 작은 배를 묶어 불을 붙인 후 제너럴셔먼호를 향해 보냈어요. 작전은 성공했고, 불붙은 배에 있던 외국 선원들은 항복할 수밖에 없었지요. 퇴각 요구를 무시한 제너럴셔먼호는 결국 불에 타 침몰했어요. 이 일을 제너럴셔먼호 사건이라고 해요. 이후 미국은 제너럴셔먼호 사건을 빌미로 강화도를 공격해 신미양요를 일으켰어요.

제너럴셔먼호

# 3 문호를 개방하다

늦은 밤, 운현궁

근래 프랑스에서 선교사들이 조선에 몰래 들어와, 나라에서 금하는 천주교를 퍼트리고 양반과 노비가 평등하다는 위험한 생각을 심고 있다고 합니다.

또한 서양 선교사들이 가져온 물건들이 조선 경제를 어지럽히고 있습니다. 이들에 대한 단호한 처벌이 필요합니다!

맞는 말이오. 서양의 종교와 문물은 왕실뿐 아니라, 조선 전체를 혼란에 빠트릴 수 있어 매우 위험하네.

천주교는 정조 때부터 조선에 전파되고 있었습니다. 하지만 조정에서는 천주교를 금하고 있었습니다.

* **남연군** 흥선 대원군의 아버지

* **원자** 아직 왕세자에 책봉되지 않은 임금의 맏아들

몇 달 후

민승호는 늘 중전 민씨의 눈과 귀가 되어 왕실 소식을 전해 주었습니다.

* **섭정** 군주가 통치할 수 없을 때 군주를 대신하여 나라를 다스림

1873년(고종 10년), 최익현은 고종이 나라를 친히 다스릴 것을 요구하는 상소를 올렸습니다. 이 상소에서 '그 지위에 있지 않고, 종친의 반열에 있는 사람'이란 흥선 대원군을 말합니다.

지금 나랏일을 보면 폐단이 없는 곳이 없습니다. 서원을 철폐하여 윤리가 무너지고 있고, 무리한 경복궁 공사로 백성은 도탄에 빠져 있습니다. …… 전하께서 직접 임금의 권한을 발휘하시어, 이 모든 문제를 해결하소서. …… 이를 위해 그 지위에 있지 않고, 종친의 반열에 있는 사람은 그 지위를 높여 주시되, 나라의 정사에 관여하지 못하게 하소서.

고종은 최익현의 상소를 읽고 지금이야말로 직접 나라를 다스릴 때라고 생각했습니다.

최익현의 상소는 진실로 옳다. 이제부터 내 직접 국사를 돌보겠노라.

* **수신사** 조선 말에 일본으로 보내던 외교 사절
* **남하** 남쪽으로 내려옴

## 한국사 흐름 잡기

# 흥선 대원군의 대외 정책

조선의 개혁을 위해 노력한 흥선 대원군의 대외 정책은 문호를 굳게 닫는 것이었어요. 당시 서양 열강을 비롯한 일본은 조선의 문호를 개방하기 위해 다가오고 있었지요. 과연 흥선 대원군은 그들에 맞서 어떤 정책으로 조선을 지켰는지 살펴볼까요?

천주교 박해로 순교한 김대건 신부

### 통상 수교 거부 정책을 펼치다

흥선 대원군이 정치를 펼치던 조선 말기는 아시아의 강대국인 청나라마저도 아편 전쟁을 겪으며 영국과 프랑스 등의 서양 세력에 굴복할 때였습니다. 또한 일본도 미국에 문을 열면서 서양과 교류하기 시작했습니다. 하지만 흥선 대원군의 선택은 다른 나라와의 통상과 교역을 금지하는 통상 수교 거부였습니다. 개항을 요구하며 들어오는 외국인들과 절대 교류하지 않겠다는 대외 정책을 펼쳤습니다. 또한 흥선 대원군은 천주교를 박해하는 등 서양의 문물을 거부했어요. 때문에 이 시기 서양 여러 나라들이 조선의 문을 두드렸지만 흥선 대원군은 무력으로 이들을 모두 내쫓았어요. 그리고 나라의 문을 더욱 굳건히 닫는 정책을 고수했습니다.

《천주실의》 마테오 리치가 한문으로 쓴 천주교 교리서

> **여기서 잠깐** **흥선 대원군의 개혁 협력자, 조 대비**
>
> 어린 고종을 대신해 수렴청정했던 조 대비. 그녀는 왕실 어른으로서 고종을 왕위에 앉히고 흥선 대원군과 함께 안동 김씨의 세도 정치로 피폐해진 조선의 개혁을 추진하였습니다. 조 대비는 조선의 개혁이라는 목표를 위해서는 어떤 세력과도 타협하지 않았어요. 관리의 부정부패를 방지하고, 흉년을 당한 가난한 백성은 돕도록 했지요.
> 그중 한 예로, 당시 지방 관리들은 자신들의 이익을 위해 백성에게 걷은 세금을 한양으로 잘 올려 보내지 않았어요. 조 대비는 "50일의 여유를 줄 테니 고을마다 독촉해 다 받아들여라. 이 기한을 넘긴다면 나에게 보고할 필요 없이 전부 사형을 적용해라!"라고 했습니다. 조 대비는 고종이 성인이 된 후에는 일절 나랏일에 관여하지 않고 왕실의 어른으로 살다 여든세 살의 나이에 세상을 떠났습니다.

고종을 왕위에 앉히고 수렴청정한 조 대비

### 척화비를 세우다

척화비란 신미양요가 끝난 뒤 흥선 대원군이 서울 종로를 비롯해 전국 각지에 세운 비석을 말합니다. 강력한 서양 세력을 두 차례나 물리친 흥선 대원군은 자신감을 갖고 철저하게 외국 세력을 물리치는 정책을 쓰게 된 것입니다.

흥선 대원군은 척화, 즉 서양과 화친하자는 논의를 배척한다는 입장을 더욱더 굳건히 했어요. 척화비에는 다음과 같은 내용이 담겨 있어요.

흥선 대원군이 전국 각지에 세운 비석인 척화비

> "양이침범 비전즉화 주화매국(洋夷侵犯 非戰則和 主和賣國).
> 서양의 오랑캐가 침범하는데, 싸우지 않음은 곧 화친을 의미하고, 화친을 주장하는 것은 곧 나라를 팔아먹는 행동이다."

이처럼 척화비를 통해 서양 세력과의 통상 수교를 거부하는 흥선 대원군의 강한 의지를 볼 수 있답니다.

**교과서 핵심 키워드**

#### 흥선 대원군의 외교 정책
- 다른 나라와 수교하는 것을 반대하는 통상 수교 거부 정책을 주장하였습니다.
- 천주교를 박해하였고, 통상을 요구하는 외국의 요청을 거부하였습니다.

## 한국사 흐름 잡기

# 강화도 조약

고종이 직접 조선을 다스리게 되면서, 통상 수교 거부 정책을 펼쳤던 흥선 대원군은 권력의 핵심에서 쫓겨났습니다. 고종과 명성 황후는 개화 정책을 적극적으로 추진했어요. 이런 변화를 눈치챈 일본은 조선에 문호 개방을 요구하기 시작했어요.

일본의 군함 운요호

## 운요호 사건

1875년(고종 12년) 9월, 일본 군함 운요호가 강화도 부근을 불법 침입했는데 이 사건을 운요호 사건이라고 합니다. 일본은 조선과 통상 수교를 하기 위해 근대식 군함인 운요호를 이용하기로 했어요. 운요호가 강화도 부근에 허가 없이 접근해 오자 양측의 충돌이 발생했어요. 초지진을 지키던 조선 관군이 운요호에 경고 사격을 한 것이지요. 운요호는 물러나면서 초지진을 향해 대포를 쏘아 조선군은 물론 일반 백성들을 죽이고 집을 불태웠습니다. 그러나 5개월 후 일본은 운요호 사건의 책임을 조선 조정에 떠넘기며 이를 구실 삼아 개항을 강요하였습니다.

### 여기서 잠깐  일본의 근대화를 이끈 메이지 유신

일본은 미국에 의해 1853년 개항을 하게 되었어요. 일본이 운요호 사건을 일으켜 조선을 개항시켰듯이 미국도 함대를 보내 일본을 위협하여 개항하게 만들었어요. 개항 후 일본은 서양 물건들이 들어오면서 물가가 상승했고 이 때문에 살기 힘들어진 백성의 분노도 높아졌지요. 이때 국왕을 중심으로 똘똘 뭉쳐 서양 세력을 내쫓자고 하는 사람들이 등장하였고 이들에 의해 국왕 중심의 새 정부가 들어섰어요.

당시 일본의 메이지 국왕은 강력한 중앙 집권 국가를 만들었고, 신분제를 폐지하였으며 세금 제도를 개혁했어요. 이 개혁을 메이지 유신이라고 해요.

개혁에 성공한 메이지 정권은 일본의 부국강병을 주장하며 서양식 근대화를 서둘렀어요. 그 덕에 일본은 아시아에서 유일하게 근대화에 성공한 나라가 되었고, 그 힘을 이용해 주변국을 침략할 수 있었습니다.

일본의 메이지 국왕

### 조약 체결

1876년(고종 13년) 2월, 일본은 다시 강화도 앞바다에 나타나 무력시위를 하며, 운요호 사건을 핑계로 회담을 열자고 요구했어요. 일본과 조선은 강화도에서 회담을 열고 조약을 체결했는데, 이것이 바로 강화도 조약입니다.

강화도 조약은 국제법에 따라 조선과 일본 양국이 대등한 주권 국가의 입장에서 체결한 우리나라 최초의 근대적 조약이에요. 그러나 이 조약은 일본의 무력 행위에 굴복하여 반강제적으로 맺은 조약이었고, 조약 내용 또한 조선에 지극히 불리한 불평등 조약이었습니다.

조선이 최초의 근대적 조약을 일방적으로 불리하게 체결한 이유는 당시 조선의 조정이 근대적 조약 체결에 무지하여 근대화 과정에 있던 일본의 술수에 넘어갔기 때문이었어요. 그러나 조선은 강화도 조약의 체결 이후 서구 열강들에도 문호를 개방하면서 근대화의 길을 걷게 되었습니다.

조선 시대에 해상에서 침입하는 적을 막기 위해 강화도에 세운 요새, 초지진

### 교과서 핵심 키워드

**강화도 조약**

1. 전개 과정
   - 일본은 조선에 통상 강요를 위해 강화도로 운요호를 보냈습니다.
   - 운요호가 허가 없이 강화도에 접근하자 조선군이 대포를 쏘았고 충돌이 발생했습니다.
   - 일본은 이 사건을 빌미로 무력으로 위협하며 조선에 개항을 요구하였습니다.
2. 결과
   - 조선과 일본의 대표가 강화도에 모여 조약을 맺었습니다.
   - 강화도 조약은 조선이 외국과 맺은 최초의 근대적 조약이었으나, 조선에 불리한 불평등 조약이었습니다.

# 4 위기에 빠진 흥선 대원군

중전 민씨 가문이 권력을 잡으면서 다시 부패해진 관리들은 온갖 방법으로 백성을 수탈하기 시작했습니다.

이리 답답해서야. 세금을 더 내라니, 이게 말이 되는가?

이게 다 중전 민씨 세력 때문 아닌가?

차라리 흥선 대원군 시절이 나았어. 그때는 외척들이 설치고 다니지 못해서 세금이라도 덜 내지 않았나.

그래도 자네들은 입에 풀칠이라도 하지. 난 1년 넘게 급료도 못 받고 있네.

뭐, 1년이 넘었다고?

1882년(고종 19년), 구식 군대의 군사들은 봉급을 13개월째 받지 못했습니다. 이에 반해 중전 민씨 세력의 개화 정책에 따라 만들어진 신식 군대인 별기군은 월급도 밀리지 않고 좋은 대우를 받았습니다.

* **도봉소** 급료를 지급하는 곳

위기에 빠진 흥선 대원군

* **선혜청** 여러 군현에서 조정에 납부한 쌀과 무명, 베 등의 출납을 맡아보던 관아

결국 민겸호 등 민씨 일가는 습격을 당했고, 집이 불탔습니다. 도망치던 민겸호는 곧 붙잡혀 죽임을 당했습니다.

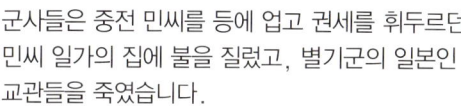

위기에 빠진 흥선 대원군

위기에 빠진 흥선 대원군

위기에 빠진 흥선 대원군 **109**

## 한국사 흐름 잡기

# 명성 황후의 정치 참여

흥선 대원군이 문호를 굳게 닫고 통상 수교를 거부했다면, 명성 황후는 반대로 개화를 주장했어요. 굳게 닫힌 나라의 문을 열어 서양의 발달된 문물을 받아들여야 조선이 강한 나라가 될 수 있다고 생각한 것이지요.

### 조선의 국모가 된 민자경

태종의 비 원경 왕후와 숙종의 비 인현 왕후는 모두 여흥 민씨로, 훗날 명성 황후가 되는 민자경의 조상이었습니다. 왕비를 배출한 명문 집안에서 태어났지만, 어린 시절 민자경은 세도 정치 아래에서 아버지마저 일찍 여의고 외동딸로 어렵게 살았지요. 하지만 그 덕에 왕비가 될 수 있었어요. 흥선 대원군의 부인은 민자경과 같은 여흥 민씨 가문으로, 민자경을 오랜 시간 지켜보면서 그녀의 총명한 모습에 반해 고종의 비로 점찍었던 거예요.

흥선 대원군도 민자경을 마음에 들어 했어요. 집안 형편이 어려운 민자경이 왕비가 된다면 적어도 외척 세력이 정치를 좌우지하던 시기로 돌아갈 일은 없겠다고 판단했던 것이지요. 이러한 이유로 민자경은 조선의 국모 자리에 오르게 되었습니다.

명성 황후의 동상

### 정치가로서 시야를 넓힌 명성 황후

명성 황후는 처음 궁궐에 들어갔을 때 외로운 생활을 해야 했어요. 남편인 고종은 궁인 이씨와 사랑에 빠져 있어 정작 자신은 거들떠보지도 않았거든요. 게다가 궁인 이씨가 아들, 완화군까지 낳자 왕실의 모든 눈은 완화군에게 쏠렸어요. 워낙 아들이 귀했던 왕실이었기 때문에 모든 사람이 완화군이 세자가 되는 것이 아니냐고 했지요. 명성 황후는 이를 바라보며 슬프고 외로운 시간을 보내야 했습니다.

이 시기, 명성 황후가 많은 시간을 할애한 것은 독서였어요. 명성 황후는 어려서부터 일찍이 아버지에게 글을 배웠고 책 읽기를 즐겼지요. 명성 황후가 가장 관심을 가지고 읽었던 책은 역사책이었어요. 특히 중국의 춘추 전국 시대에 관련된 책을 많이 읽었지요. 춘추 전국 시대는 중국이 여러 나라로 나뉘어 싸우던 시절로, 명성 황후는 역사책 속에서 나라들의 관계를 배우며 정치에 대한 시야를 넓힐 수 있었습니다.

### 세력을 모으는 명성 황후

명성 황후가 정치적 시각을 키워 갈 즈음, 고종은 성년이 지났어요. 하지만 계속 아버지의 그늘에서 아무것도 할 수 없는 것에 늘 불만을 품고 있었지요.

명성 황후는 이런 고종에게 용기를 주었어요. "전하께서는 충분히 직접 나라를 다스리시고도 남습니다. 제가 도움이 되겠습니다."라고 말이에요.

고종과 명성 황후는 머리를 맞대었어요. 그들에게 무엇보다 필요한 것은 자신들과 뜻을 합쳐 대원군에 맞설 사람들이었죠. 하지만 이것도 그리 어렵지는 않았어요.

〈고종 어진〉. 고종은 명성 황후의 도움을 받으며 정치를 이끌었음.

경기도 여주시 능현동에 있는 명성 황후 생가

서원 철폐에 반대하던 유생들과 명성 황후의 양오빠인 민승호 등이 명성 황후와 고종의 주위로 모여들었죠. 명성 황후와 고종은 이들과 힘을 합쳐 흥선 대원군을 견제하며 직접 정치를 하기 시작했습니다. 하지만 이후 막강한 권력을 갖게 된 민씨 세력은 부정부패로 물들게 되었습니다.

> **여기서 잠깐** ▶ **민씨 천하**

흥선 대원군은 명성 황후가 몰락한 명문 가문의 후손이었기에 그녀를 선택했어요. 하지만 명성 황후는 흥선 대원군과는 다른 정치적 성향을 가지고 있었고, 당시 허수아비 왕으로 아무것도 할 수 없었던 고종을 옆에서 위로했어요.

명성 황후는 고종의 친정을 돕는다는 명목 아래 사람을 모으기 시작했고, 양오빠 등의 외척 세력을 대거 등용했어요. 안동 김씨가 득세하던 세도 정치 시절과 다를 바가 없어진 것이었지요.

벼슬을 받거나 신분을 사기 위한 사람들로 민씨 일가의 대문 앞은 장사진이 펼쳐졌어요. 이렇게 벼슬을 산 관리들은 백성을 쥐어짜기에 바빴어요. 온갖 명목으로 세금을 만들어 걷어 갔고 백성들은 분노했지요. 이 분노는 후일 농민 봉기로 이어졌습니다.

명성 황후가 태어난 옛터에 세운 비석

## 한국사 흐름 잡기

# 명성 황후와 고종의 개화 정책

흥선 대원군이 쥐고 있던 정치 주도권을 빼앗아 온 명성 황후와 고종은 개화 정책을 추진하기 시작했어요. 하루빨리 서양이나 일본의 앞선 문물을 받아들여 조선도 부강한 나라가 되기를 바랐던 거예요.
명성 황후와 고종이 개화를 위해 어떤 노력을 했는지 알아볼까요?

### 개화파가 형성되다

개화는 사람의 지혜가 열려 새로운 세상, 문물, 제도 등을 가지게 되는 것을 의미해요. 나라의 문을 열어 외국의 발달된 문물을 받아들인 후 우리 것과 고루 섞어 발전을 이룬다는 뜻이기도 합니다. 즉 개화 정책의 목적은 서양의 문물을 받아들여 이를 바탕으로 힘을 길러 나라를 지키고 발전시키는 것입니다.
당시 개화 세력의 중심에는 박규수가 있었어요. 박규수는 정조 때의 문장가이자 실학자인 박지원의 손자로, 청나라를 여러 번 드나들며 근대 문물에 일찍 눈을 뜬 사람이었지요. 박규수는 김옥균, 박영효, 김홍집 등 젊은 양반 지식인들에게 새로운 사상을 가르치며 개화파의 형성과 활동에 영향을 끼쳤습니다. 이후 개화파는 정계에 진출하여 정부의 개화 정책을 뒷받침하고 개혁을 추진하였습니다.

개화파의 스승, 박규수의 초상

### 개화를 위해 사절단을 파견하다

개화 사상가이자 친일파인 박영효

고종은 개화 정책에 필요한 정보를 수집하고자 사절단(나라를 대표하여 일정한 사명을 띠고 외국에 파견되는 사람들의 무리)인 영선사와 조사 시찰단을 파견했습니다. 영선사는 청나라의 문물을 살피고 그 기술을 배우기 위해 파견된 사람들이었어요. 이들은 청나라에서 근대식 무기 제조법과 군사 훈련법 등을 배웠습니다. 귀국한 뒤에는 한양에 근대식 무기 제조 공장인 기기창을 설치하고 무기를 생산했습니다. 또한 조사 시찰단은 약 4개월 동안 일본의 정부 기관은 물론 학교와 조선소 등의 근대 시설을 살펴본 뒤 보고서를 작성하여 제출하였어요. 그 후 조선으로 돌아온 이들은 명성 황후와 고종의 개화 정책을 뒷받침하며 나라의 개화를 위해 힘썼습니다.

## 서양 열강과의 외교를 펼치다

명성 황후는 고종과 함께, 밀려드는 서양 열강에게 문호를 개방하고 그들의 이해관계를 이용한 외교 정책을 펼쳤습니다.

우선 일본과 맺은 강화도 조약을 시작으로 미국, 영국, 독일, 러시아, 프랑스 등의 열강과 수교를 맺었어요. 이후 조선 침략의 야욕을 버리지 않는 일본을 견제하기 위해 청나라의 기득권을 보장해 주어, 오랑캐로 오랑캐를 물리친다는 정책을 외교에 이용하였습니다. 또한 일본을 견제하기 위해 러시아와 손잡기도 했지요. 강대국과의 외교를 통하여 국가의 존립을 지키려는 개방적 외교 정책을 펼친 것이지요.

명성 황후는 시시각각으로 변하는 주변 강대국의 정세를 파악하고 그들 사이에서 이익을 취하는 외교 정책을 펼쳤습니다.

온건 개화파인 김홍집

---

### 교과서 핵심 키워드

#### 명성 황후의 성장
1. 왕비가 된 민자경
   - 몰락한 양반가라는 배경 덕에 왕비가 되었습니다.
   - 궁에 들어와 각종 역사책을 읽으며 정치적 시야를 넓혔습니다.
2. 고종의 정치 협력자
   - 고종과 함께 흥선 대원군을 정치판에서 밀어냈습니다.
   - 개화의 필요성을 느끼고 개화 세력과 손을 잡았습니다.

#### 개화 정책의 추구
1. 개화파의 형성
   - 서양의 발전된 문물을 받아들여 조선을 부강한 나라로 만들자는 개화파가 형성되었습니다.
2. 영선사와 조사 시찰단의 파견
   - 영선사 : 조선이 청나라에 보낸 사절단으로 무기, 제도, 기술 등을 배웠습니다.
   - 조사 시찰단 : 조선이 일본에 파견해 개화의 모습을 연구하게 한 사절단입니다.

# 5 삼일천하로 끝난 갑신정변

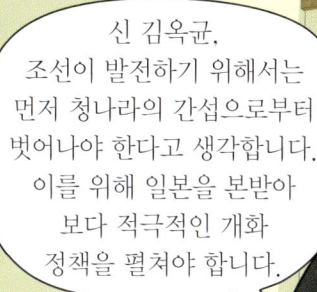

김옥균은 박영효, 서광범, 홍영식과 함께 청나라의 간섭으로부터 벗어난 조선의 자주독립과 적극적인 개화 정책을 주장했습니다. 이들을 급진 개화파라고 합니다.

개화 정책을 다시 펼치는 데 있어, 청나라와 일본, 미국을 다녀온 여러분의 의견을 듣고 싶어 이 자리에 불렀습니다.

신 김옥균, 조선이 발전하기 위해서는 먼저 청나라의 간섭으로부터 벗어나야 한다고 생각합니다. 이를 위해 일본을 본받아 보다 적극적인 개화 정책을 펼쳐야 합니다.

황공하옵니다, 중전마마.

이와 반대로 민영익은 김윤식, 김홍집과 함께 청나라의 도움을 받아 차근차근 개혁을 해야 한다고 주장했습니다. 이들을 온건 개화파라고 합니다.

신 민영익, 제 생각은 다릅니다. 일본 같은 급진적인 개혁은 조선에 맞지 않습니다. 청나라의 보호를 받아, 우리 것을 지키면서 서양의 발전된 문물을 차근차근 받아들여야 합니다.

언제까지 청나라에 의존하는 *사대주의에 빠져 계실 겁니까? 조선은 청나라로부터 벗어나야 발전할 수 있어요!

임오군란 때 중전마마를 도와준 것이 어느 나라요? 바로 청나라입니다! 그걸 잊어선 안 되오.

* **사대주의** 주체성 없이 강한 나라나 사람을 섬기는 태도

삼일천하로 끝난 갑신정변

한편 서양식 제도를 도입한 우리나라 최초의 근대식 우체 기관인 *우정총국이 1884년(고종 21년) 설치되었는데 이를 축하하는 축하연이 12월 4일 열렸습니다.

그날 밤중에 김옥균이 급히 고종을 찾았습니다.

전하, 우정총국에서 정변이 일어났습니다!

여기는 위험하오니, *경우궁으로 피하셔야 합니다!

중전, 어서 피하도록 합시다.

* **우정총국** 지금의 중앙 우체국을 일컫는 말
* **경우궁** 1824년에 지은 순조의 생모 수빈 박씨의 사당

급진 개화파는 우정총국 개국 축하연의 밤, 별궁에 불을 지르고 폭탄을 터뜨리며 *갑신정변을 일으켰습니다.

* **갑신정변** 김옥균, 박영효 등의 개화당이 민씨 일파를 몰아내고, 혁신적인 정부를 세우기 위해 일으킨 정변

고종과 중전 민씨는 김옥균과 함께 경우궁으로 향했습니다.

저를 따라오십시오!

뭔가 이상해. 반란이 일어났는데, 폭탄이 터진 이후 너무 조용하지 않은가!

경우궁은 궁이 작아 방어에 용이했기에 김옥균이 일부러 이곳으로 이끈 것이었습니다.

일본 군대를 부르자고?

예, 일본 공사관에 군대를 요청하여 호위해 달라고 해야 합니다.

누가 반란을 일으켰는지도 모르는데, 일본에만 군대를 요청하는 건 위험하오. 청나라에도 호위를 부탁하시오.

삼일천하로 끝난 갑신정변

정변 셋째 날, 개화파는 왕의 명을 빌려 개혁 정강 14개조를 만들었습니다.

<갑신정변 14개조 개혁 정강의 주요 내용>
- 청에 잡혀간 흥선 대원군을 돌아오게 하고, 청에 바치던 조공을 없앤다.
- 모든 백성은 평등한 권리를 가지며, 관리는 능력에 따라 뽑는다.
- 세금 제도를 개혁하여 백성을 평안하게 하고, 국가 재정을 확보한다.
- 부정부패한 관리는 처벌하고, 순사를 두어 도둑을 막는다.

갑신정변은 청나라로부터의 자주독립뿐 아니라 신분 차별 없이 능력에 따라 인재를 등용하고, 부패한 관리를 처벌하며 근대적인 기구를 만들어 효율적으로 근대화를 이루자는 근대화 운동이었습니다.

이제 조선에는 새로운 세상이 열릴 것이오!

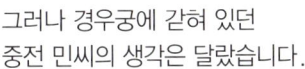

그러나 경우궁에 갇혀 있던 중전 민씨의 생각은 달랐습니다.

급진 개화파가 아버님을 이용해 내 힘을 약화시키려고 하는구나.

제가 청나라 위안스카이에게 도움을 요청하는 편지를 보내겠습니다.

전하, 이러다가 급진 개화파의 손에 왕실이 없어질지도 모릅니다. 당장 대책을 세워야 합니다!

삼일천하로 끝난 갑신정변

중전 민씨는 경우궁이 좁아서 군대가 움직이기 힘들다는 청나라의 요청에 창덕궁으로 거처를 옮기려 했습니다.

* **관물헌** 조선 시대에, 창덕궁 안에 있던 정자

반면 이번 일로 자신의 세력의 대부분을 잃은 중전 민씨에게 갑신정변은 그저 조정을 무너뜨리려는 반란에 불과했습니다.

임오군란과 갑신정변을 겪으며 중전 민씨는 자신과 왕실의 권력을 지키는 데 치중하게 되었습니다.

## 한국사 흐름 잡기

## 개화 정책에 대한 반발

명성 황후와 고종은 개화 정책을 추진했어요. 하지만 그럴수록 개화 정책에 반대하는 사람들의 목소리도 점점 커졌어요. 이들은 개화 반대 운동을 펼치거나 개화에 반대하는 상소를 올리기도 했지요.
개화 정책에 반대하여 일어난 사건들에 대해 좀 더 자세히 알아볼까요?

대표적인 위정척사파 인물인 최익현

### 개화를 반대하다

개화파의 주장에 맞서 우리 문화를 지키고 서양 문물을 배척하자고 주장을 하는 사람들이 있었습니다. 이를 위정척사파라고 합니다. 위정척사란 옳은 것은 갖고 나쁜 것은 버린다는 뜻으로, 위정척사파는 우리의 전통 문화는 옳고 서양과 일본의 새로운 체제는 나쁜 것이라고 생각했어요.
대표적인 위정척사파 인물인 최익현이 강화도 조약에 반대하며 쓴 상소문을 읽어 보면 그들의 생각을 더욱 쉽게 이해할 수 있을 거예요.

> 강화도 조약에 반대합니다. 그 이유는
> 첫째, 우리가 약점이 있어서 문을 서둘러 여는 것이라면,
> 주도권이 저들에게 있어 도리어 우리를 제어할 것입니다.
> 둘째, 우리의 유한한 농산품과 그들의 무한한 공산품을 교역하면,
> 결국 우리의 땅과 집을 보존할 수 없을 것입니다.
> 셋째, 나쁜 책과 천주교가 다시 들어와 사악한 기운이 온 나라를 덮게 될 것입니다.
> 넷째, 장차 저들은 우리 땅에 거주하려고 할 것이며,
> 그리되면 재물이나 비단을 마음대로 빼앗고 행패를 부릴 것입니다.
> 다섯째, 외적들은 돈만 알고 사람의 도리를 조금도 모르는 짐승들일 뿐입니다.

## 임오군란을 일으키다

개화 정책이 추진되는 과정에서 구식 군인들은 13개월 동안 월급을 받지 못했고, 신식 군대인 별기군에 비하여 매우 차별적인 대우를 받았어요. 게다가 월급 대신 받게 된 쌀에서 모래와 겨가 섞여 나오자 구식 군인들은 분노했어요.

별기군. 특별한 기술을 배우는 군대라는 뜻의 신식 군인으로, 일본인 교관에게 훈련을 받았음.

화가 난 군인들이 들고일어나 부패한 관리의 집에 불을 지르고, 감옥을 부수어 죄인을 풀어 주었어요. 또 일본 장교와 고위 관리 등을 죽여 버렸지요. 이 사건을 임오군란이라고 해요.

이 과정에서 겨우 목숨을 건진 명성 황후는 정권을 되찾기 위해 청나라에 도움을 청했어요. 청나라는 바로 조선으로 들어왔고, 사태 수습을 책임지던 흥선 대원군을 납치해 청나라로 데려가 버렸지요. 또한 반란을 일으킨 구식 군인들을 진압하면서 임오군란은 막을 내렸습니다.

이렇게 청나라의 개입으로 임오군란은 실패로 끝났고 민씨 세력은 다시 정권을 잡게 되었어요. 하지만 조선은 이를 계기로 청나라의 내정 간섭을 받아야 했고, 일본이 입은 피해에 대한 배상금을 지급하라는 일본의 압력 때문에 제물포(인천)에서 조약을 체결하여 막대한 배상금을 물어 줘야 했습니다.

## 동학 농민 운동의 발발

조선 후기 백성들은 인내천과 후천 개벽 사상을 주장하는 동학에 관심을 두기 시작했어요. '인내천'은 사람이 곧 하늘이라는 뜻으로 인간 존중의 의미를 담고 있고, '후천 개벽'은 불평등하고 힘든 세상이 끝나고 백성이 바라는 세상이 온다는 생각을 담고 있어요.

개항 이후 조선 조정은 근대 문물을 수용하고 각종 배상금을 지급하는 데 큰 비용이 들었어요. 그래서 조정은 농민들로부터 많은 세금을 거두어 갔지요. 피폐해진 농민들은 사회 개혁을 주장하는 운동을 펼쳤는데 이를 동학 농민 운동이라고 해요. 동학 농민 운동은 신분 차별 철폐 등을 주장하였으며 외세의 침략에 대항한 민족 운동이었습니다.

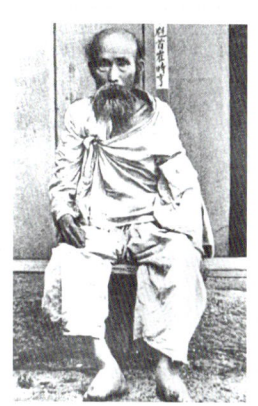

동학의 제2대 교주로 동학을 전파하기 위해 힘쓴 최시형

# 6 일본의 침략 야욕을 외교로 풀다

* **가배차** 당시 커피를 부르던 말
* **톈진 조약** 일본과 청나라가 톈진에서 만나 조선과 관련해 맺은 조약

일본의 침략 야욕을 외교로 풀다

* **국태공** 흥선 대원군 이하응을 높여 이르는 말

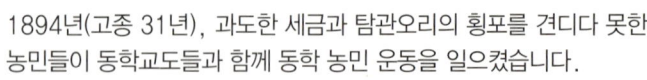

일본의 침략 야욕을 외교로 풀다

일본은 조선 정부를 압박한 후, 조선을 혼자 차지하기 위해 청나라와 전쟁을 일으켰는데 이것이 청일 전쟁입니다. 청일 전쟁은 약 1년 뒤인 1895년 일본의 승리로 막을 내렸습니다.

일본의 침략 야욕을 외교로 풀다

"조선 땅을 전쟁터로 만든 것도 모자라 조선을 삼키려 하다니!"

"일본군을 몰아내자!"

"몰아내자!"

일본이 본격적으로 야욕을 드러내자, 2차 동학 농민 운동이 일어났습니다.

"왜놈들은 조선 땅에서 물러나라!"

* **갑오개혁** 봉건적 전통 질서를 타파한 근대적 개혁이었으나 일본의 간섭 아래에서 이루어진 개혁이었음

일본의 침략 야욕을 외교로 풀다

그러나 동학 농민군은 최신 무기로 무장한 일본 군대를 이길 수 없었습니다. 동학 농민 운동에 참여한 수많은 이들이 목숨을 잃었습니다.

까-악  까-악

동학 농민 운동을 지도하던 전봉준을 비롯한 관련자들이 처형당하고 말았습니다.

일본의 침략 야욕을 외교로 풀다

조선을 발판 삼아 청나라와 러시아의 침략을 꿈꾸던 일본에게, 중전 민씨는 가장 큰 걸림돌이었습니다.

## 한국사 흐름 잡기

# 국제 정세의 변화

오랫동안 청나라를 중심으로 하나의 문화권을 형성해 왔던 동아시아는 서양 강대국들이 새로운 시장을 찾아 앞다퉈 침범하면서 엄청난 변화를 겪어야 했습니다. 과연 서양의 침략적 접근 아래에서 동아시아를 중심으로 한 국제 정세는 어떻게 변화했을까요?

### 청일 전쟁에서 패배한 청나라

1894년(고종 31년), 조선에서는 동학도와 농민들이 합세하여 동학 농민 운동을 일으켰어요. 동학 농민 운동을 진압하기 위해 조선 정부가 청나라에 구원병을 요청하자 톈진 조약을 근거로 일본까지 우리나라에 들어왔어요. 이 당시 일본은 청나라를 꺾고 조선을 통째로 삼키고 싶어 했지요. 그래서 청나라 군대를 공격해 청일 전쟁을 일으켰습니다. 전쟁에서 승리한 일본은 청나라가 조선에서 완전히 물러날 것을 요구했고, 시모노세키 조약을 맺어 랴오둥반도와 타이완을 넘겨받았어요.

청일 전쟁 당시 일본군의 모습

열강들의 이러한 움직임에 청나라는 나라가 멸망할지도 모른다는 위기감이 들기 시작했고, 서양의 기술만 받아들이는 근대화를 넘어 제도까지 받아들이는 근대화를 추구하기 시작했습니다.

### 동아시아의 강대국으로 성장한 일본

일본의 입장에서 청일 전쟁은 단순히 조선에서 청나라의 세력을 물리친 것 이상의 의미가 있어요. 동아시아의 국제 정세를 바꾸어 일본이 동아시아에서 서양 열강과 어깨를 나란히 하게 되었기 때문이에요. 일본은 청나라에게 받은 전쟁 배상금으로 군사 시설을 더 만들고 산업을 일으키며 부국강병을 추구했어요.

이후 일본에서는 대기업과 중소기업이 크게 성장했고, 물건을 외국에 수출하기에 이르렀죠. 경제력과 군사력을 바탕으로 자신감을 키운 일본은 청일 전쟁의 승리로 동아시아의 새로운 강자로 떠오르게 되었고, 조선에서의 영향력이 더욱 커지게 되었습니다.

## 서로를 견제하는 러시아와 영국

청나라와 일본이 한반도에서 대립하던 즈음, 북쪽에 위치해 추운 지역이 대부분이었던 러시아는 얼지 않는 항구를 찾기 위해 남하 정책을 추진하며 조선에 눈독을 들였어요. 이런 러시아 입장에서 일본이 청일 전쟁 이후 조선 근처에 있는 랴오둥반도를 차지하는 것은 좋지 않았어요.

러시아는 프랑스와 독일을 끌어들여 삼국이 일본을 압박했지요. 결국 일본은 랴오둥반도를 청나라에 돌려줄 수밖에 없었습니다.

한편, 영국은 조선 남해안의 섬인 거문도를 차지함으로써 러시아를 견제했지요. 그리고 일본과 영일 동맹을 맺어 러시아가 남하하지 못하도록 힘을 합쳤어요. 이후 러시아와 일본은 조선을 두고 전쟁을 치렀어요. 이 러일 전쟁에서 승리한 일본은 동아시아 강대국이 되었고, 조선을 식민지로 삼을 수 있는 발판을 마련했습니다.

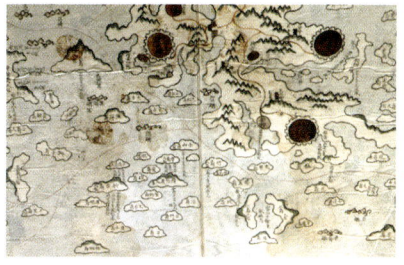
전남 여수에 있는 섬인 거문도의 옛 지도

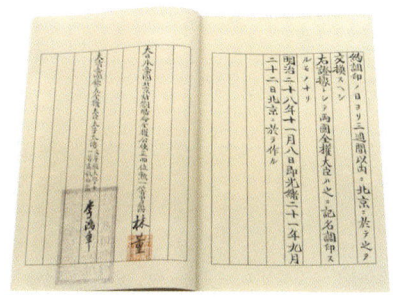
랴오둥반도를 반환한다는 회담록

### 교과서 핵심 키워드

**동아시아 국제 정세의 변화**

1. 청나라
   - 동학 농민 운동을 계기로 조선에 군대를 파병하였습니다.
   - 청일 전쟁에서 패하였습니다.
2. 일본
   - 청일 전쟁 승리 후 동아시아에서 서양 열강과 어깨를 나란히 하게 되었습니다.
   - 전쟁 배상금으로 군대와 산업을 발달시켰습니다.
3. 러시아와 영국

| | |
|---|---|
| 러시아 | • 얼지 않는 항구를 찾기 위해 남하 정책을 추진하였습니다.<br>• 프랑스와 독일을 끌어들여 일본이 랴오둥반도를 차지하지 못하게 하며 국제 사회에 영향력을 행사하였습니다. |
| 영국 | • 러시아의 남하 정책에 맞서 거문도에 군대를 주둔시켰습니다.<br>• 일본과 동맹을 맺어 러시아의 남하를 막았습니다. |

# 7 운명의 그날

1895년(고종 32년), 군인 출신인 미우라 고로가 새로운 일본 공사로 부임해 왔습니다.

새롭게 일본 공사로 오게 된 미우라 고로입니다.

전하와 중전마마께 인사드립니다.

일본에서 작은 선물을 준비해 왔습니다. 받아 주시옵소서, 중전마마.

순수한 마음으로 주는 것이 선물이지요. 감사합니다만, 마음만 받겠습니다.

* **낭인** 일정한 직업 없이 이리저리 떠돌아다니는 사람

운명의 그날

1895년(고종 32년) 10월 8일 새벽, 소총으로 무장한 일본의 낭인들이 중전 민씨를 죽이기 위한 행동을 개시했습니다.

오늘이 운명의 날이다. 여우를 찾아라!

여기서
모든 걸 놓을 수는 없다.

어떻게든
살아남아야 해.

하지만 중전 민씨의 불안한 마음은 점점 커져 갔습니다.

만약 내가 죽는다면
세자의 미래는 어찌 된단 말이냐.
척아, 척아…….

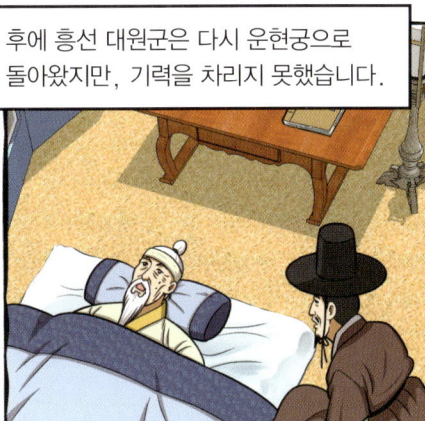

몰락한 명문가에서 태어나 중전이 된 명성 황후.

아버지 그늘에 있던 고종이 직접 나라를 다스릴 수 있도록 돕고, 조선을 개화로 이끌었습니다.

외척을 끌어들이고 부정부패를 저질러 많은 비난을 받지만,

19세기 말 호시탐탐 조선을 넘보는 서양 열강들의 틈에서 외교를 펼쳤습니다.

* **삼정** 나라의 정사 가운데 가장 중요한 전정, 군정, 환곡의 세 가지. 토지세와 군역의 부과 및 양곡 대여와 환수를 이름

흥선 대원군은 왕권 강화를 위한 과감한 개혁 정치를 펼쳤습니다. 또 서양 열강의 침략을 막아 내었습니다. 하지만 국제 정세에 어두운 나머지, 세계적인 흐름에 능동적으로 대응하지 못했습니다.

일본 낭인의 칼날 앞에 무참히 쓰러져 간 명성 황후.
명성 황후는 자신의 친척들을 끌어들여 권력을 휘두르고 부정부패를 일삼았다는 비난을 많이 받았습니다. 반면, 고종을 도와 외세의 침략으로부터 조선을 지키기 위해 노력하였다는 평가도 받습니다.
명성 황후가 숨진 이후 조선은 점차 파국의 길을 걷게 되었습니다.

# 한국사 흐름 잡기

## 을미사변 이후 조선의 상황

을미사변으로 명성 황후가 일본의 낭인들에게 무참히 살해된 이후 조선은 점차 파국으로 치닫게 되었습니다. 지금부터 을미사변 이후 조선의 상황에 대해 살펴보도록 해요.

### 아관 파천

조선의 국호를 대한 제국으로 바꾼 고종

아관 파천은 1896년(고종 33년), 고종이 러시아 공사관으로 피신한 사건을 말해요. 일제가 명성 황후를 살해한 을미사변 후 친일 내각을 구성하자, 신변의 위협을 느낀 고종은 아관(그 당시 러시아를 아라사라 불렀기 때문에 러시아 공사관을 아관이라고 불렀음)으로 피신했어요. 파천은 임금이 궁을 떠나 피신하는 것을 말하지요. 고종은 러시아 공사관에서 약 1년간 머물렀는데, 이 때문에 조선이 가지고 있던 각종 이권이 러시아를 비롯한 다른 나라에 넘어갔습니다.

### 대한 제국의 수립

대한 제국은 1897년(광무 1년)부터 일제에 의해 강제적으로 국권을 빼앗긴 국권 피탈이 일어난 1910년(융희 4년)까지 우리나라의 이름이었습니다. 열강의 조선 내정 간섭이 심해지자 고종은 정치 개혁을 위해 국호를 대한 제국으로 바꾸고 황제 자리에 올랐어요. 고종 황제는 대한 제국 수립을 선포하며 우리나라가 근대적인 자주독립 국가임을 전 세계에 알렸지요.

대한 제국은 새로운 국가의 모습을 갖추기 위하여 여러 개혁 정책을 시행했어요. 근대적인 제도와 상공업 진흥 정책을 펴 부유하고 강한 나라가 되려 한 것이지요. 하지만 국가 재정이 열악했으며 집권층 내부의 보수적인 성향으로 큰 성과를 거두지는 못했습니다.

### 을사늑약과 국권의 피탈

대한 제국 수립 이후 1905년(광무 9년), 일본은 대한 제국의 외교권을 박탈하기 위해 강제로 을사늑약을 체결했어

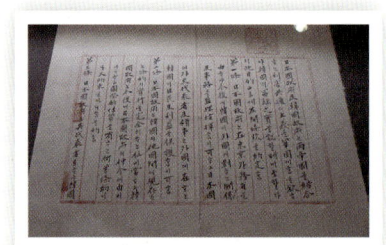

덕수궁 중명전에 전시된 을사늑약 문서

요. 1904년(광무 8년), 러일 전쟁이 일어나자 일본은 대한 제국을 일본의 식민지로 만들기 위한 새로운 정책을 결정하였지요. 그다음 해에 전쟁이 일본의 승리로 끝나자 일본은 을사늑약을 체결해 대한 제국의 재정과 외교적 실권을 박탈하여 국정 전반을 좌지우지했습니다.

국권 피탈은 대한 제국이 국권을 잃고 일본의 식민지로 전락하게 된 사건을 말해요. 1910년(융희 4년), 일제는 군대와 경찰을 전국 각지에 배치하여 공포 분위기를 조성한 후 국권 피탈에 관한 조약을 체결했어요. 이후 우리의 국권을 빼앗고 억압하기 시작했지요. 이에 반대하는 의병 전쟁과 애국 계몽 운동이 전국적으로 일어났지만 일제는 이를 억압했고, 대한 제국은 일본의 식민지로 전락해 버리고 말았습니다.

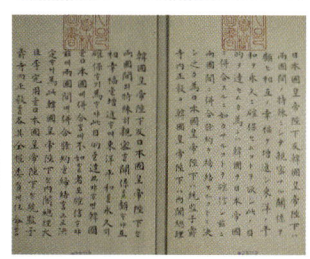

국권 피탈 체결 당시의 문서

### 여기서 잠깐 ▶ 한눈에 살펴보는 조선 말기의 역사

| 년도 | 역사 사건 | 내용 |
|---|---|---|
| 1865 | 경복궁 중건 | 임진왜란 때 불탄 경복궁을 왕권 강화를 위해 재건 |
| 1866 | 제너럴셔먼호 사건 | 미국의 상선 제너럴셔먼호가 조선에 통상을 요구하다가 대동강에서 불에 타 침몰 |
| 1866 | 병인양요 | 흥선 대원군의 천주교도 학살 탄압에 대항하여 프랑스 함대가 강화도에 침범한 사건 |
| 1871 | 신미양요 | 미국이 제너럴셔먼호 사건을 빌미로 통상 교역을 요구하며 군함을 몰고 와 무력 침략한 사건 |
| 1876 | 강화도 조약 | 운요호 사건을 빌미로 일본과 맺은 조약. 우리나라 최초로 맺어진 불평등한 근대적 조약 |
| 1882 | 임오군란 | 신식 군대인 별기군과의 차별로 구식 군대가 일으킨 봉기 |
| 1884 | 갑신정변 | 급진 개화파가 조선의 자주독립과 근대화를 위해 일으킨 정변 |
| 1885 | 텐진 조약 | 갑신정변 후 일본과 청나라가 맺은 조약. 청나라와 일본 군대를 조선에서 동시에 철수한다는 내용 |
| 1894 | 동학 농민 운동 | 반봉건, 반침략적 민족 운동 |
| 1894 | 청일 전쟁 발발 | 청나라와 일본이 조선의 지배권을 놓고 다툰 전쟁. 일본이 승리하여 조선에 대한 지배권 강화 |
| 1894 | 갑오개혁 | 봉건적 전통 질서를 타파한 근대적 개혁. 일본의 영향 아래 진행 |
| 1895 | 을미사변 | 명성 황후 시해 사건 |
| 1896 | 아관 파천 | 을미사변으로 신변의 위협을 느낀 고종이 러시아 공사관으로 피신한 사건 |
| 1897 | 대한 제국 수립 | 고종이 러시아 공사관에서 돌아와 국호를 대한 제국으로 바꾸고 황제로 즉위 |
| 1910 | 국권 피탈 | 일본의 침략으로 국권을 상실 |

### 체험 학습  외세의 침략을 막아 낸 섬, 강화도

병인양요 당시 모습을 그린 그림

우리나라 지도를 보면, 서울 바로 왼쪽에 큰 섬이 하나 보여요. 이 섬이 바로 강화도예요. 강화도의 역사는 선사 시대부터 시작돼요. 고인돌은 청동기 시대의 대표적인 무덤이에요. 강화도에는 고인돌이 많아서 고인돌 축제가 열린답니다. 또 강화도에는 고조선을 세운 단군이 하늘에 제사를 드렸다고 전해지는 참성단도 있어요. 해마다 개천절에는 참성단에서 단군의 제사를 지내기도 해요.

고려 시대 때에는 몽골이 침입해 오자 수도를 강화도로 옮기고 맞서 싸우기도 했어요. 조선 후기 세도 정치 시기의 왕이었던 철종이 왕이 되기 전에 살았던 곳도 바로 강화도입니다.

예로부터 강화도는 황해에서 한강을 거슬러 한양으로 들어오는 관문 역할을 했어요. 외적이 강화도에 침입한다면 뱃길을 이용해 한양까지 치고 올라올 수 있어서 강화도를 잘 지키는 것이 중요했지요. 특히 강화도와 김포 사이의 강화 해협은 물길이 좁고 물살이 거세어 외적을 방어하는 데 적합했어요.

외세의 침략이 본격적으로 나타나던 19세기, 조선을 넘보던 프랑스와 미국은 차례로 강화도를 침략했어요. 강화도를 점령하고 한양으로 진격하기 위해서였지요. 그러나 조선 군대는 프랑스와 미국의 침략을 모두 막아 내었어요. 이때 프랑스가 강화도를 침범한 사건이 병인양요, 미국이 침략한 사건이 신미양요입니다.

자, 그럼 이제부터는 외세의 침략에 맞서 싸운 흔적을 찾아 강화도로 함께 떠나 볼까요?

#### 여기서 잠깐  가슴 아픈 역사의 현장, 연무당

통상을 요구하며 침략해 온 서양 세력을 모두 물리친 조선은 결국 일본에 의해 강제로 개항했어요. 조선은 일본의 강요에 못 이겨 강화도 조약을 체결하고 말았는데, 이 조약이 체결된 곳이 바로 강화도 연무당이에요. 연무당은 본래 강화도를 지키는 군인들의 훈련 장소였어요. 일본은 이곳에 대포를 배치하는 등 공포 분위기를 만들어 강화도 조약을 강제로 체결했어요.
지금은 연무당 건물이 사라지고 터만 남아 있지요. 그러나 우리의 아픈 과거를 잊지 않기 위해 '연무당 옛터'라고 적힌 비석을 세워 놓았답니다.

강화도 조약이 체결된 연무당 옛터

강화도는 예로부터 외세의 침입에 저항한 우리 선조들의 역사가 남아 있는 곳입니다.
다음 강화도의 유적지 지도를 살펴보고 직접 방문한 곳을 체크해 보세요.

**강화 역사박물관**
강화에서 출토된 유물들을 중심으로 강화도의 역사와 문화를 체계적으로 전시·보존·연구하기 위해 설립한 박물관입니다.

**외규장각**
조선 시대 강화도에 설치한 도서관입니다. 왕실이나 국가 주요 행사의 내용을 정리한 의궤를 비롯해 총 1,000여 권의 서적을 보관하였으나, 병인양요 때 프랑스군이 강화도를 습격하면서 수많은 도서가 약탈당하거나 불타 없어졌습니다.

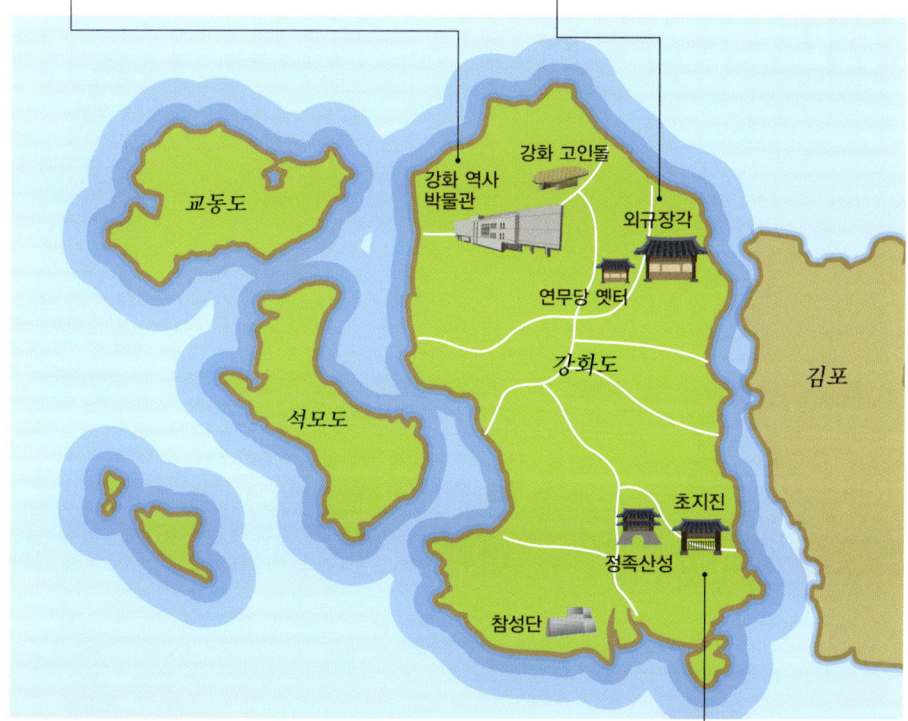

**초지진**
조선 시대에는 강화도 곳곳에 진을 설치하여 외적의 침입에 대비했는데 현재까지 성곽이 잘 보존되어 있습니다. 이 중 초지진은 신미양요 때 미군이 처음 상륙한 곳입니다. 당시의 포탄 자국이 아직도 성벽과 소나무에 남아 있답니다.

## 한국사 연표

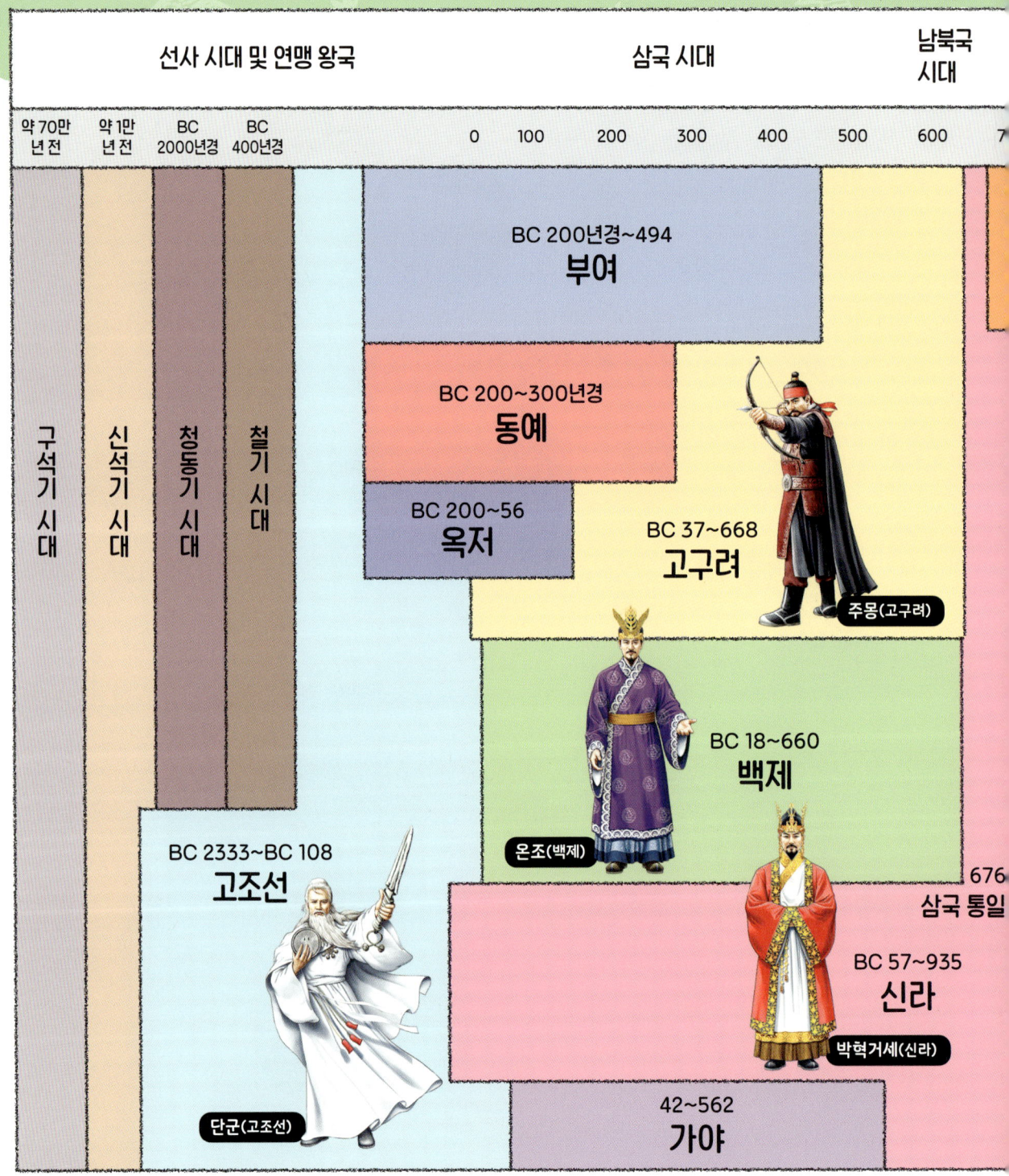

*BC : 기원전

| 후삼국 시대 | 고려 시대 | 조선 시대 | 대한 제국 | 일제 강점기 | 대한 민국 |

0  900  1000  1100  1200  1300  1400  1500  1600  1700  1800  1900  2000

발해
698~926

대조영(발해)

901~918 후고구려

궁예(후고구려)   견훤(후백제)

900~936 후백제

918~1392
고려

왕건(고려)

1392~1910
조선

이성계(조선)

1897~1910 대한 제국

1910~1945 일제 강점기

1945~왔재 대한민국

183

하루 한 장 **한국사**와 **국어** 실력 쌓기
**만화**로 만난 인물을 **독해**로 만나다!

# who?
# 한국사 독해
# 워크북

## 한국사를 깊이 이해하고 문해력을 키워 주는
## 한국사 독해 워크북 특징!

**① 하루 15분 꾸준한 독해 활동을 도와줍니다.**

매일 1장씩 7일 동안 학습하면 성취감이 올라가고
자기 주도 학습 능력을 키울 수 있습니다.

**② 한국사 인물을 글과 문제로 깊이 이해합니다.**

만화로 알게 된 인물에 더욱 공감할 수 있고
역사적인 사실을 더 자세히 알 수 있습니다.

**③ 다양한 글의 형식을 경험할 수 있습니다.**

일기, 편지, 강연록, 뉴스, 신문 사설, 광고문 등을 통해
문해력은 물론 국어의 모든 영역이 발달합니다.

흥선 대원군·
명성 황후

## 오늘의 읽기　　뉴스

### who? 뉴스룸　세도 정치, 막을 내리다!

오늘 뉴스룸에서는 조선 후기의 세도 정치에 대해 알아보겠습니다.

세도 정치란 왕과 혼인 관계를 맺은 가문이나 신하가 권력을 독점하는 것을 말합니다. 이런 가문으로는 안동 김씨와 풍양 조씨 집안이 대표적입니다. 그들의 세도 정치는 순조, 헌종, 철종의 3대에 걸쳐 60여 년 동안 이어졌지요. 그 사이 나라는 부정부패가 심해졌고 이로 인해 백성들은 힘든 생활을 했습니다.

안동 김씨 김조순은 순조의 장인입니다. 정조가 갑작스럽게 세상을 떠나자 순조는 어린 나이에 왕위에 올랐지요. 김조순은 조정에서 물러났지만 자신의 말대로 움직일 안동 김씨 세력을 주요 관직에 앉혔고, 이들은 나랏일을 마음대로 좌지우지하며 세력을 키웠습니다.

순조는 안동 김씨를 누르고자 아들인 효명 세자를 풍양 조씨와 혼인시켰습니다. 하지만, 풍양 조씨 집안도 안동 김씨와 마찬가지로 높은 자리를 차지하고 권력을 휘둘렀습니다.

훗날 순조에 이어 왕이 된 헌종이 뒤를 이을 아들 없이 죽자, 안동 김씨는 왕실의 먼 친척인 철종을 왕으로 세웠습니다. 이후 철종 역시 왕자를 남기지 않고 죽자 왕실에서는 왕위를 이을 새 왕족을 찾았습니다. 흥선 대원군은 이 기회를 잡아 자신의 아들을 왕위에 올렸습니다. 그 뒤 *섭정을 하며 안동 김씨와 풍양 조씨 세력을 조정에서 몰아냈습니다.

앞으로 흥선 대원군이 어떤 활약을 펼칠지 기대됩니다.

 오늘의 문제 : 1일

1. 빈칸에 알맞은 말을 [보기]에서 찾아 쓰세요.

   보기  안동 조씨   풍양 조씨   안동 김씨   풍양 김씨

   순조의 장인 김조순과 _____ 은/는 나랏일을 좌지우지 했고,
   이에 순조는 효명 세자를 _____ 와/과 혼인시켰다.

2. 세도 정치 때문에 생긴 나라의 변화는 무엇일까요?
   ① 정치의 부정부패가 심해져 백성들이 힘들게 살았다.
   ② 훌륭한 신하가 높은 관직에 올라 능력을 폈다.
   ③ 왕이 올바른 정치를 펴고 나라가 강해졌다.
   ④ 경제가 발전해 사회 전반이 발전하게 되었다.

3. 세도 정치를 없애기 위해 안동 김씨와 풍양 조씨를 몰아낸 사람은 누구인가요?
   ① 정조   ② 순조   ③ 헌종   ④ 흥선 대원군

4.  다음 글을 읽고 맞으면 ○, 틀리면 ✕ 표시하세요.
   - 철종이 아들 없이 죽고 헌종이 그 뒤를 이었다. (    )
   - 정조의 뒤를 이은 조선의 왕은 순조이다. (    )
   - 세도 정치는 순조, 헌종, 철종 3대에 걸쳐 이어졌다. (    )

   **낱말 풀이**
   **섭정** 왕이 직접 통치할 수 없을 때 다른 사람이 대신하여 나라를 다스림

 ## 오늘의 읽기 — 흥선 대원군의 일기

○○월 ○○일

# 서양 세력으로부터 조선을 지켜야 한다

세도 정치를 없애고 왕권을 강화하여 백성들이 편안하게 사는 조선을 만들기 위하여 하루도 쉬지 않고 노력했다.

세도 정치의 중심이었던 비변사를 없애고, 부정부패의 근거지가 된 서원도 일부만 남기고 없앴다.  또 양반을 포함한 모든 가구에 동등하게 *군포를 걷는 호포제를 시행하고 *환곡을 고쳐 백성들의 생활 안정에 힘썼다. 왕권을 강화하기 위해 임진왜란 때 불탄 경복궁을 다시 짓기도 했다.

그런데 이제는 서양의 무리들이 호시탐탐 조선을 노리고 있다. 1866년 병인년에 나는 평등을 주장하고 제사를 거부하던 프랑스 선교사와 천주교도를 사형시켰다. 프랑스는 이 일을 핑계로 강화도를 공격하고 외규장각을 약탈했다. 2년 뒤에는 독일의 상인 오페르트가 내 아버지 남연군의 무덤에서 관을 훔쳐 개항을 요구하려다가 실패했다. 1871년 신미년에는 미국이 새로운 무기로 무장한 군함을 끌고 와서 강화도를 공격하다 우리 군대에 쫓겨났다.

나는 *무도한 서양의 무리들이 조선에 들어오는 것을 결코 허락하지 않을 것이다. 서양과는 절대 친하게 지낼 수 없다는 내용을 새긴 척화비를 전국에 세울 것이다.

 **오늘의 문제** **2일**

1. 조선을 위해 흥선 대원군이 한 일이 <u>아닌</u> 것을 고르세요.

   ① 비변사의 권한을 한층 강하게 만들었다.
   ② 전국의 서원을 일부만 남기고 없애 버렸다.
   ③ 호포제로 양반에게도 군포를 부담하게 했다.
   ④ 환곡을 고쳐 백성들의 생활이 안정되게 했다.

2. 흥선 대원군이 서양과는 친하게 지낼 수 없다는 뜻을 알리기 위해 전국에 세운 비석은 무엇일까요?

   _____

3. 빈칸에 알맞은 말을 [보기]에서 찾아 쓰세요.

   | 보기 | 덕수궁   경복궁   강화도   독도 |
   |---|---|

   - 흥선 대원군은 왕실의 권위를 세우기 위해 _____ 을/를 다시 지었다.
   - 신미년에는 미국이 군함을 이끌고 와서 _____ 을/를 공격했다.

4. 다음 글을 읽고 알맞은 말에 ○표시하세요.

   흥선 대원군은 병인년에 ( 평등 / 불평등 )을 주장하고 제사를 ( 찬성하던 / 거부하던 ) 프랑스 선교사와 천주교도를 사형시켰다.

   **낱말 풀이**

   **군포** 조선 시대에 군대에 가지 않는 대신에 나라에 낸 옷감
   **환곡** 조선 시대에 백성들에게 봄에 곡식을 꾸어 주고 가을에 이자를 붙여 거두던 일
   **무도** 말이나 행동이 인간의 도리에 어긋나고 막됨

 # 오늘의 읽기

주제: **정치 참여를 선언하노라**

조선의 백성은 들으시오. 나는 조선의 국모, 명성 황후요.

나는 몰락한 양반 가문의 딸로 흥선 대원군 눈에 들어 이 자리에 올랐소. 그러나 왕비가 되고 보니 대원군이 나랏일을 결정하여 고종 전하께서 하실 수 있는 일이 아무것도 없었소. 나는 대원군과 맞서서 권력을 빼앗고 고종 전하께서 직접 정치를 하실 수 있게 도왔소.

앞으로 전하와 나는 우리 조선이 부유하고 강한 나라가 되도록 조선보다 앞선 나라의 문물을 받아들이고 개화 정책을 펼칠 것이오.

청나라에 다녀온 영선사는 근대식 무기 제조법과 군사 훈련법을 배워 왔소. 나는 이를 받아들여 한양에 \*기기창을 설치하고 무기를 만들 것이오. 또한 일본에 다녀온 조사 시찰단은 정부 기관, 학교, \*조선소 등의 근대 시설을 둘러보고 보고서를 올렸소. 고종 전하와 나는 이들이 가져온 정보를 바탕으로 조선의 개화를 위한 정책을 세울 것이오.

이제 조선은 서양에 문을 열 것이오. 서양 열강들과 외교 관계를 맺고, 이들의 힘을 이용해 조선을 발전시키고 지키려 하오.

백성들은 전하와 나의 뜻을 이해하고 따라 주시오.

 **오늘의 문제** **3일**

**1.** 고종을 대신해 정치를 하다가 며느리인 명성 황후에게 권력을 빼앗긴 사람은 누구일까요?

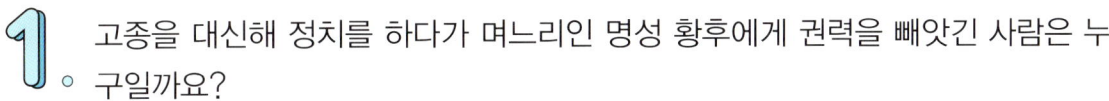

**2.** 명성 황후가 [보기]와 같이 말할 때 어울리는 목소리를 고르세요.

> **보기** 나는 조선이 부유하고 강한 나라가 되도록 개화 정책을 펼칠 것이오.

① 가벼운 목소리
② 분노한 목소리
③ 힘 있는 목소리
④ 슬픈 목소리

**3.** 영선사가 근대식 무기 제조법과 군사 훈련법을 배운 나라는 어디일까요?

① 스페인　　② 영국　　③ 러시아　　④ 청나라

**4.** 다음 글을 읽고 맞으면 ○, 틀리면 ✕ 표시하세요.

- 명성 황후는 강대국의 힘을 이용해 조선을 지키려 했다. (　　)
- 흥선 대원군은 개화 정책을 위해 외국에 사람을 보냈다. (　　)
- 조사 시찰단은 일본의 정부 기관, 학교, 조선소를 둘러봤다. (　　)

> **낱말 풀이**
> **기기창** 조선 후기에 근대식 무기를 만들던 공장
> **조선소** 배를 만들거나 고치는 곳

# 오늘의 읽기

안내문

## 개화에 반대하는 사람들은 모이시오!

### 임오군란

우리는 조선에 소속된 구식 군대의 군인입니다. 신식 군대인 별기군에 비해 받는 차별을 더 이상 참을 수 없습니다. 모두 힘을 합쳐 일어납시다!

1. **모이는 날:** 1882년 ○월 ○일
2. **모이는 장소:** 종로 포도청
3. **대상:** 조선 구식 군대 군인
4. **목적:** 부패한 관리와 일본 장교를 몰아내자!
5. **이유**
 - 신식 군대 별기군과 구식 군대 간의 차별
 - 13개월이나 월급을 받지 못한 데다, 월급 대신 받은 쌀은 모래와 겨가 섞여 있었음

### 동학 농민 운동

동학에서는 모든 사람이 평등합니다. 사람이 곧 하늘이라는 동학의 '인내천' 사상으로 새로운 세상을 열어 봅시다!

1. **모이는 날:** 1894년 ○월 ○일
2. **모이는 장소:** 나중에 알림
3. **대상:** 새로운 조선을 만들고 싶은 사람은 누구나
4. **목적:** 동학을 전파하고 조선에서 외세를 몰아내자!
5. **이유**
 - 과도하게 세금을 거두는 부패한 관리의 폭정
 - 외국 상인의 침투로 백성이 더욱 살기 어려워짐

## 오늘의 문제 — 4일

 **1.** 설명에 맞는 답을 찾아 선으로 이으세요.

① 구식 군대 군인들은 별기군과의 차별 대우에 참지 말고 힘을 합쳐 일어나자. • • ㉠ 임오군란

② 모든 사람이 평등하니 동학으로 새로운 세상을 열어 보자. • • ㉡ 동학 농민 운동

 **2.** 다음 글을 읽고 알맞은 말에 ○표시하세요.

- 구식 군대 군인들은 부패한 관리와 ( **청나라** / **일본** ) 장교를 몰아내려 했다.
- 동학의 '인내천' 사상은 ( **왕** / **사람** )이 곧 하늘이라는 생각이다.

 **3.** 다음 설명 중 옳지 <u>않은</u> 것을 고르세요.

① 구식 군인은 부당한 대우에 난을 일으켰다.
② 동학 농민 운동은 조선에서 외세를 몰아내려 했다.
③ 구식 군인은 13개월 동안 월급을 받지 못했다.
④ 동학 농민 운동은 서학을 전파하기 위해 일어났다.

 **4.** 임오군란과 동학 농민 운동의 공통점입니다. 맞으면 ○, 틀리면 ✕ 표시하세요.

- 외국 세력을 몰아내려 했다. (     )
- 1880년에 일어났다. (     )
- 부패한 관리를 몰아내자고 했다. (     )

## 오늘의 읽기 — 편지

### 보고 싶은 중전에게

중전! 오늘 우리 조선이 대한 제국이 되고, 내가 황제가 되었습니다.

3년 전 조선 왕실이 동학 농민 운동을 막으려 청나라에 구원병을 요청하자, 일본도 *톈진 조약을 핑계로 조선에 군대를 보냈지요. 그 조약에 청나라와 일본이 동시에 조선에 군대를 보내고, 동시에 철수한다는 내용이 있다면서 말입니다. 그 뒤 동학교도들이 청나라와 일본 군대를 내보내기 위해 스스로 물러났지만, 두 나라 군대는 조선 땅에서 나가지 않았습니다.

청나라와 일본은 세력을 다투다 급기야는 조선 땅에서 전쟁까지 벌였지요. 그리고 작은 나라라고 생각했던 일본이 승리했습니다. 일본은 서양 문물을 받아들여 빠르게 근대화를 이뤘으니 당연한 결과인지도 모릅니다. 그 후 청나라는 서양의 기술은 물론 제도까지 받아들이는 근대화를 하고 있습니다.

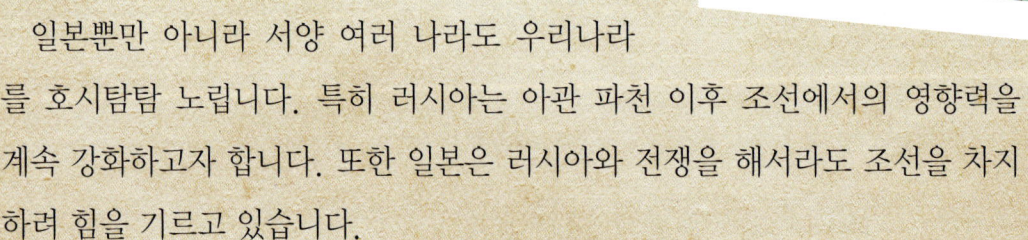

일본뿐만 아니라 서양 여러 나라도 우리나라를 호시탐탐 노립니다. 특히 러시아는 아관 파천 이후 조선에서의 영향력을 계속 강화하고자 합니다. 또한 일본은 러시아와 전쟁을 해서라도 조선을 차지하려 힘을 기르고 있습니다.

중전이 곁에 있다면 과인이 힘을 얻을 텐데. 너무나 그립습니다.

1897년 10월 12일

대한 제국 황제 고종 씀

○ 월 ○ 일

 이 편지를 읽고 짐작할 수 있는 사실을 고르세요.

① 러시아는 조선을 포기했다.
② 청일 전쟁은 청나라에서 일어났다.
③ 서양 여러 나라는 조선에 관심이 없다.
④ 일본은 이미 근대화를 이뤘다.

 다음 글을 읽고 알맞은 말에 ○표시하세요.

> 조선 왕실이 ( 서학 / 동학 ) 농민 운동을 막으려 청나라에 구원병을 요청하자, 일본도 ( 톈진 / 청일 ) 조약을 핑계로 조선에 군대를 보냈다.

 다음 설명 중 옳지 않은 것을 고르세요.

① 1897년 조선이 대한 제국으로 바뀌었다.
② 이 편지를 쓸 당시 명성 황후는 고종 곁에 없었다.
③ 일본은 조선을 차지하려고 한다.
④ 청일 전쟁 후 청나라는 근대화를 중단했다.

 러시아는 어떤 사건 이후 조선에서의 영향력을 더욱 강화했을까요?

① 임오군란　　② 갑신정변　　③ 갑오개혁　　④ 아관 파천

**낱말 풀이**

**톈진 조약** 일본과 청나라가 톈진에서 만나 조선과 관련해 맺은 조약

| 이메일 |

| 답장 | 전체 답장 | 전달 | 🗑 삭제 | 스팸신고 | 이동 ▾ |

## 과거 여행을 하고 왔어

▲ **보낸 사람** 김은성 (silver@*****.com)
　**받는 사람** 이시후 (seewho@*****.com)

　시후야, 나 은성이야. 방학 잘 보내고 있지?
　난 어제 명성 황후 책을 보다가 잠들었는데, 꿈에 한양이 나오는 거야. 사람들이 모여 있어 무슨 일인가 했더니, 그날 새벽에 일본의 낭인들이 명성 황후를 살해했다고 하더라고.
　그렇다면 을미사변이 일어난 1895년 10월 8일의 조선이라는 거잖아. 나는 서양과 일본이 조선의 국권을 빼앗기 위해 어떤 일을 벌였는지 알고 있으니까 조선 사람들에게 알려 주고 싶었어. 곧이어 일어날 역사적 비극에서 조선을 지키기 위해 네 가지를 실행해야 한다고 말이야!
　첫 번째, 명성 황후의 죽음으로 불안해진 고종을 안정시켜야 한다.
　두 번째, 고종이 대한 제국을 세우고 황제가 되는 것을 돕고 대한 제국이 근대적인 자주독립 국가임을 전 세계에 알려야 한다.
　세 번째, 1905년 일본이 대한 제국과 강제로 을사늑약을 맺어 *재정과 외교권을 빼앗는 일을 막아야 한다.
　네 번째, 1910년 일본이 대한 제국과 강제로 *국권 피탈에 관한 조약을 맺는 일을 막아야 한다.
　타임머신이 있다면 정말 당시 조선으로 가서 알려 주고 싶어. 너는 방학을 어떻게 보내고 있니? 답장 기다릴게.

## 오늘의 문제 — 6일

 1. 1895년 10월 8일에 일본의 낭인들이 조선의 명성 황후를 살해한 사건은 무엇일까요?

 2. 은성이가 말한 조선을 지키기 위한 방법이 아닌 것을 고르세요.

① 명성 황후를 잃은 고종을 안정시키려 노력한다.
② 전 세계에 조선이 자주국임을 알린다.
③ 일본과 국권 피탈 조약을 맺는 일을 막는다.
④ 고종이 황제가 되는 것을 막는다.

 3. [보기]에서 을사늑약으로 대한 제국이 빼앗긴 권리가 아닌 것에 밑줄을 그으세요.

> 보기  일본이 대한 제국과 을사늑약을 맺고 재정, 통치권, 외교권을 빼앗았다.

 4. '지키다'라는 말이 [보기]와 같은 뜻으로 쓰인 것을 고르세요.

> 보기  앞으로 벌어질 역사적 비극에서 조선을 지켜야 한다.

① 나는 한번 약속을 했으면 지킨다.
② 나는 교통질서를 지키며 운전한다.
③ 나는 동생과 남아 집을 지켰다.
④ 나는 어떤 비밀이라도 잘 지킨다.

**낱말 풀이**
재정 국가가 정책을 시행하기 위해 쓸 돈을 만들고 관리하는 활동
국권 피탈 1910년 일본이 강제로 우리나라의 통치권을 빼앗고 식민지로 삼은 일

  오늘의 읽기    체험 학습 보고서

## 강화도에 다녀왔어요!

| 학습자 | ○○초등학교 ○학년 ○반 ○○○ |
|---|---|
| 학습 주제 | 조선을 공격한 외국 세력들을 알아본다 |
| 학습 장소 | 인천광역시 강화군 연무당 옛터와 초지진 |
| 학습 기간 | ○○월 ○○일 ~ ○○월 ○○일 |

**학습 내용 및 자료 사진**

강화도를 지나면 한강을 통해 한양으로 갈 수 있어서, 옛날부터 강화도를 지키는 일은 매우 중요했다. 병인년(1866년)에는 프랑스군이 강화도를 침입해 외규장각에서 *의궤와 많은 책을 빼앗아 가기도 했다.

*강화도 조약이 체결된 연무당 옛터*

먼저 강화도를 지키는 군인들의 훈련 장소였던 '연무당 옛터'에 갔다. 이곳은 1876년 일본이 강제로 조선과 강화도 조약을 체결한 곳이기도 하다. 지금은 건물 없이 연무당의 위치를 알려 주는 비석만 세워져 있었다.

조선 시대에는 강화도 곳곳에 *진을 설치해 외적의 침입에 대비했다. 두 번째 방문지인 초지진은 신미양요(1871년) 때 미국 군함과 첫 번째 전투를 치르고 그들을 막은 요새이다. 이곳의 성벽과 소나무에는 아직도 그때의 포탄 자국이 남아 있다. 초지진 성벽에는 바다 쪽으로 대포를 쏠 수 있는 구멍도 있었다.

**느낀 점**: 나라를 지키기 위해 싸운 조선 군인들이 정말 용감하다고 생각했다.

**더 알아보고 싶은 것**: 1875년에는 일본도 군함을 몰고 와 강화도를 침입한 뒤 통상을 요구했다. 이것을 운요호 사건이라고 한다. 결국 1년 뒤 일본은 조선과 강화도 조약을 맺었다. 이에 대해 좀 더 알아봐야겠다.

**오늘의 문제** | **7일**

1. 신미양요 때 미국 군함과 첫 전투를 치른 곳으로 성벽의 구멍으로 대포를 쏠 수 있는 요새는 어디일까요?

   _____

2. 사건이 일어난 순서대로 번호를 쓰세요.

   > ① 병인년에 프랑스군이 강화도에 침입해 외규장각을 약탈했다.
   > ② 신미년에 강화도에서 미국과 조선이 싸웠다.
   > ③ 일본이 조선과 강제로 강화도 조약을 맺었다.

   ( → → )

3. 다음 글을 읽고 맞으면 ○, 틀리면 × 표시하세요.
   - 연무당은 강화도를 지키는 군인들의 훈련 장소였다. (    )
   - 현재, 연무당 건물은 남아 있지 않고 그 자리에는 탑이 서 있다. (    )
   - 강화도는 한강을 통해 한양으로 갈 수 있는 중요한 곳이었다. (    )

4. 일본이 군함을 몰고 와 강화도를 침입한 사건의 이름은 무엇일까요?
   ① 운요호 사건　② 병인박해　③ 신미양요　④ 초지진 사건

   > **낱말 풀이**
   > **의궤** 조선 시대에 나라의 행사를 자세하게 적은 책
   > **진** 군대를 배치한 곳

# 한국사 독해 워크북 정답

**1일** ❶ 안동 김씨, 풍양 조씨  ❷ ①  ❸ ④  ❹ ×, ○, ○

**2일** ❶ ①  ❷ 척화비  ❸ 경복궁, 강화도  ❹ 평등, 거부하던

**3일** ❶ 흥선 대원군  ❷ ③  ❸ ④  ❹ ○, ×, ○

**4일** ❶ ①-㉠, ②-㉡  ❷ 일본, 사람  ❸ ④  ❹ ○, ×, ○

**5일** ❶ ④  ❷ 동학, 톈진  ❸ ④  ❹ ④

**6일** ❶ 을미사변  ❷ ④  ❸ <u>통치권</u>  ❹ ③

**7일** ❶ 초지진  ❷ ① → ② → ③  ❸ ○, ×, ○  ❹ ①

# 한국사 연표여행

한국사 인물과 함께한 역사 여행은 재밌었나요? 이제 연표 여행을 통해 한국사의 대표적인 인물들을 한 자리에서 만나는 시간입니다. 시대별 연표로 한국사의 전체적인 흐름을 익히고, 인물들의 업적을 통해 한국사를 더욱 깊이 이해해 보세요!

## 한국사 인물과 연표 여행하는 방법

❶ 아래에 있는 인물 그림을 가위로 오린다.

❷ 연표 브로마이드인 '한국사 인물과 떠나는 연표 여행'에서 인물의 위치를 찾는다.

※ 연표 브로마이드는 〈01 단군·주몽〉, 〈11 장보고〉, 〈21 이성계·이방원〉, 〈31 정조〉에 있습니다.

❸ 〈who? 한국사〉를 읽고 인물을 찾은 위치에 모두 붙인다.

❹ 총 4장의 연표 브로마이드를 연결하면 '한국사 인물과 떠나는 연표 여행' 완성!

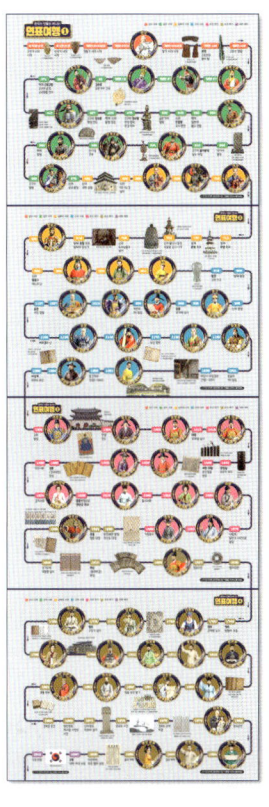

---

가위로 오려서 '한국사 인물과 떠나는 연표 여행'에 붙이세요.

# 책 읽기를 더 재미있게!
## '다산어린이 공식 카페'에서 다양한 독서 콘텐츠를 만나 보세요!

다산어린이 공식 카페에 오면
독후 활동을 도와주는 자료가 가득합니다.
가로세로 낱말 퀴즈, 컬러링 등 놀이형 활동 자료부터
문해력을 길러 주는 한국사 독해 워크북,
생각의 힘을 키우는 1일 1생각 워크북 등
학습 능력을 향상시키는 활동 자료도 준비되어 있습니다.
전 학년이 즐길 수 있는 다양한 독후 활동으로
재미있는 책 읽기를 시작해 보세요!

※ 독서 콘텐츠는 계속 업데이트될 예정입니다.
cafe.naver.com/dasankids

다산어린이 공식 카페
바로 가기

# who? 한국사

**초등 역사 공부의 첫 단추! '인물'을 알아야 시대가 보인다**

● 선사・삼국　● 남북국　● 고려　● 조선　● 근대

| | | | |
|---|---|---|---|
| 01 단군・주몽 | 13 견훤・궁예 | 25 조광조 | 37 김정호・지석영 |
| 02 혁거세・온조 | 14 왕건 | 26 이황・이이 | 38 전봉준 |
| 03 근초고왕 | 15 서희・강감찬 | 27 신사임당・허난설헌 | 39 김옥균 |
| 04 광개토 대왕 | 16 묘청・김부식 | 28 이순신 | 40 흥선 대원군・명성 황후 |
| 05 진흥왕 | 17 의천・지눌 | 29 광해군 | 41 허준 |
| 06 의자왕・계백 | 18 최충헌 | 30 김홍도・신윤복 | 42 선덕 여왕 |
| 07 연개소문 | 19 공민왕 | 31 정조 | 43 윤봉길 |
| 08 김유신 | 20 정몽주 | 32 김만덕・임상옥 | 44 안중근 |
| 09 대조영 | 21 이성계・이방원 | 33 정여립・홍경래 | 45 유관순 |
| 10 원효・의상 | 22 정도전 | 34 박지원 | 46 을지문덕 |
| 11 장보고 | 23 세종 대왕 | 35 정약용 | 47 홍범도 |
| 12 최치원 | 24 김종서・세조 | 36 최제우・최시형 | |

※ who? 한국사(전 47권) | 대상 초등학교 전 학년 | 책 크기 188×255 | 각 권 페이지 190쪽 내외

---

# who? 인물 중국사

**인물로 배우는 최고의 역사 이야기**

| | | | |
|---|---|---|---|
| 01 문왕・무왕 | 09 제갈량・사마의 | 17 주원장・영락제 | 25 루쉰 |
| 02 강태공・관중 | 10 왕희지・도연명 | 18 정화 | 26 장제스・쑹칭링 |
| 03 공자・맹자 | 11 당 태종・측천무후 | 19 강희제・건륭제 | 27 마오쩌둥 |
| 04 노자・장자 | 12 현장 법사 | 20 임칙서・홍수전 | 28 저우언라이 |
| 05 한비자・진시황 | 13 이백・두보 | 21 증국번・호설암 | 29 덩샤오핑 |
| 06 유방・항우 | 14 왕안석・소동파 | 22 서 태후・이홍장 | 30 시진핑 |
| 07 한 무제・사마천 | 15 주희・왕양명 | 23 캉유웨이・위안스카이 | |
| 08 조조・유비 | 16 칭기즈 칸 | 24 쑨원 | |

※ who? 인물 중국사(전 30권) | 대상 초등학교 전 학년 | 책 크기 188×255 | 각 권 페이지 190쪽 내외

---

# who? 아티스트

**최고의 명작을 탄생시킨 아티스트들을 만나다**

● 문화・예술・언론・스포츠

| | | | |
|---|---|---|---|
| 01 조앤 롤링 | 11 김연아 | 21 강수진 | 31 우사인 볼트 |
| 02 빈센트 반 고흐 | 12 오드리 헵번 | 22 마크 트웨인 | 32 조성진 |
| 03 월트 디즈니 | 13 찰리 채플린 | 23 리오넬 메시 | 33 마리아 칼라스 |
| 04 레오나르도 다빈치 | 14 펠레 | 24 이사도라 덩컨 | 34 오귀스트 로댕 |
| 05 오프라 윈프리 | 15 레프 톨스토이 | 25 앤디 워홀 | 35 오리아나 팔라치 |
| 06 마이클 잭슨 | 16 버지니아 울프 | 26 백남준 | 36 프레데리크 쇼팽 |
| 07 코코 샤넬 | 17 마이클 조던 | 27 마일스 데이비스 | 37 시몬 드 보부아르 |
| 08 스티븐 스필버그 | 18 정명훈 | 28 안도 다다오 | 38 존 레넌 |
| 09 루트비히 판 베토벤 | 19 한스 크리스티안 안데르센 | 29 조지프 퓰리처 | 39 밥 말리 |
| 10 안토니 가우디 | 20 미야자키 하야오 | 30 프리다 칼로 | 40 파블로 피카소 |

※ who? 아티스트(전 40권) | 대상 초등학교 전 학년 | 책 크기 188×255 | 각 권 페이지 190쪽 내외

# who? 인물 사이언스

**기술로 세상을 발전시킨 과학자들의 이야기**

● 과학·탐험·발명
- 01 알베르트 아인슈타인
- 02 스티븐 호킹
- 03 루이 브라유
- 04 찰스 다윈
- 05 제인 구달
- 06 장 앙리 파브르
- 07 마리 퀴리
- 08 리처드 파인먼
- 09 어니스트 섀클턴
- 10 루이 파스퇴르
- 11 조지 카버
- 12 아멜리아 에어하트
- 13 알렉산더 플레밍
- 14 그레고어 멘델
- 15 칼 세이건
- 16 라이너스 폴링
- 17 빌헬름 뢴트겐
- 18 벤저민 프랭클린
- 19 레이철 카슨
- 20 김택진

● 공학·엔지니어
- 21 래리 페이지
- 22 스티브 잡스
- 23 빌 게이츠
- 24 토머스 에디슨
- 25 니콜라 테슬라
- 26 알프레드 노벨
- 27 손정의
- 28 라이트 형제
- 29 제임스 와트
- 30 장영실
- 31 알렉산더 그레이엄 벨
- 32 카를 벤츠
- 33 마이클 패러데이
- 34 루돌프 디젤
- 35 토머스 텔퍼드
- 36 일론 머스크
- 37 헨리 포드
- 38 헨리 베서머
- 39 앨런 튜링
- 40 윌리엄 쇼클리

※ who? 인물 사이언스(전 40권) | 대상 초등학교 전 학년 | 책 크기 188×255 | 각 권 페이지 180쪽 내외

# who? 세계 인물

**만화로 만나는 세상을 바꾼 위대한 인물들의 이야기**

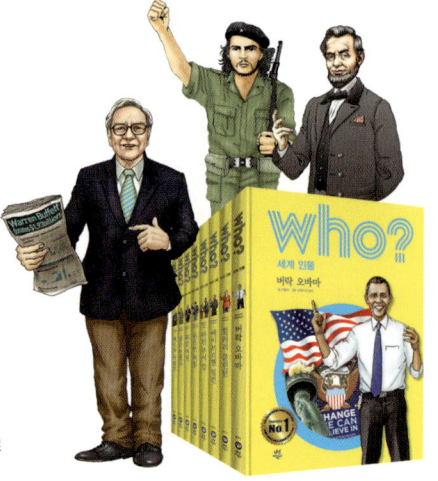

● 정치   ● 경제   ● 인문   ● 사상
- 01 버락 오바마
- 02 힐러리 클린턴
- 03 에이브러햄 링컨
- 04 마틴 루서 킹
- 05 윈스턴 처칠
- 06 워런 버핏
- 07 넬슨 만델라
- 08 앤드루 카네기
- 09 빌리 브란트
- 10 호찌민
- 11 체 게바라
- 12 무함마드 유누스
- 13 마거릿 대처
- 14 앙겔라 메르켈
- 15 샘 월턴
- 16 김대중
- 17 드와이트 아이젠하워
- 18 김순권
- 19 아웅산수찌
- 20 마쓰시타 고노스케
- 21 마하트마 간디
- 22 헬렌 켈러
- 23 마더 테레사
- 24 알베르트 슈바이처
- 25 임마누엘 칸트
- 26 로자 룩셈부르크
- 27 카를 마르크스
- 28 노먼 베순
- 29 존 메이너드 케인스
- 30 마리아 몬테소리
- 31 피터 드러커
- 32 왕가리 마타이
- 33 마거릿 미드
- 34 프리드리히 니체
- 35 이종욱
- 36 지크문트 프로이트
- 37 존 스튜어트 밀
- 38 하인리히 슐리만
- 39 헨리 데이비드 소로
- 40 버트런드 러셀

※ who? 세계 인물(전 40권) | 대상 초등학교 전 학년 | 책 크기 188×255 | 각 권 페이지 180쪽 내외

# who? 스페셜·K-pop

**아이들이 가장 만나고 싶고, 닮고 싶은 현대 인물 이야기**

**스페셜**
- 유재석
- 류현진
- 박지성
- 문재인
- 안철수
- 손석희
- 노무현
- 이승엽
- 손흥민
- 추신수
- 박항서
- 박종철·이한열
- 노회찬
- 봉준호
- 도티
- 홀트부부
- 페이커
- 엔초 페라리 & 페루치오 람보르기니
- 제프 베이조스
- 권정생
- 김연경
- 조수미
- 오타니 쇼헤이
- 킬리안 음바페
- 김민재
- 이강인
- 임영웅
- 아이브
- 문익환

**K-pop**
- 보아
- BTS 방탄소년단
- 트와이스
- 아이유
- 블랙핑크

※ who? 스페셜·K-pop | 대상 초등학교 전 학년 | 책 크기 188×255 | 각 권 페이지 190쪽 내외

# 만화로 만나는 인물 한국사